MOJ OTAC ĆE VAM DATI U IME MOJE

Dr. Džerok Li

„Zaista, zaista vam kažem da šta god uzištete u Oca u ime Moje, daće vam. Dosle ne iskaste ništa u ime Moje; ištite i primićete, da radost vaša bude ispunjena." (Jevanđelje po Jovanu 16:23-24)

MOJ OTAC ĆE VAM DATI U IME MOJE
od strane dr. Džeroka Lija
Objavile Urim knjige (Predstavnik: Johnny H. Kim)
73, Yeouidaebang-ro 22-gil, Dongjak-gu, Seoul, Korea
www.urimbooks.com

Sva prava su zadržana. Ova knjiga ili njeni pojedini dijelovi ne smiju biti reprodukovani u bilo kojoj formi, ili biti smješteni u bilo kom renta sistemu, ili biti transmitovana bilo kojim načinom, elektronski, mehanički, fotokopiranjem, snimanjem, ili slično, bez prethodnog pismenog ovlašćenja izdavača.

Ukoliko nije drukčije navedeno, svi Biblijski navodi uzeti su iz Svetog Pisma, NOVA AMERIČKA STANDARDNA BIBLIJA, ®, Autorska Prava© 1960, 1962, 1963, 1968, 1971, 1972, 1973, 1975, 1977, 1995 od strane Lokman fondacije (The Lockman Foundation). Korišćeno uz dozvolu.

Autorska prava © od strane dr. Džeroka Lija
ISBN: 979-11-263-0665-7 03230

Prevodilačka Autorska Prava © 2009 av Dr. Esther K. Chung.
Korišćeno uz dozvolu.

Prethodno objavila na korejskom jeziku Urim knjige u 1990.g.

Prvo izdanje, februar2021.g.

Uredila dr. Geumsun Vin
Dizajnirao urednički biro Urim Books
Štampa Yewon Printing Company
Za više informacija kontaktirati na urimbook@hotmail.com

Poruka o izdanju

"Zaista, zaista vam kažem da šta god uzištete u Oca u ime Moje, daće vam" (Jevanđelje po Jovanu 16:23).

Hrišćanstvo je vjera u kojoj ljudi susreću živog Boga i doživljavaju Njegova djela kroz Isusa Hrista. Pošto je Bog svemogući Bog koji je stvorio nebesa i zemlju i koji vlada istorijom univerzuma kao i životom, smrću i blagoslovom čovjekovim, On odgovara na molitve Njegove djece i želi im da vode blagosloven život dostojan djece Božje. Svako ko je iskreno Božje dijete nosi sa sobom autoritet sa kojim ima pravo kao dijete Božje. Sa ovim autoritetom, on bi trebao da živi životom u kojem su sve stvari moguće, da otkrije da mu ništa ne nedostaje i uživa u blagoslovima bez ikakvog razloga da skriva ljutnju ili ljubomoru prema drugima. Dok vodi život u kome preliva bogatstvo, snaga i uspijeh, on mora da da slavu Bogu kroz njegov život.

Kako bi uživao u takvom blagoslovenom životu, pojedinac mora da u potpunosti razumije zakon duhovnog kraljevstva u Božjim odgovorima i dobije sve što je potražio od Boga u ime Isusa Hrista. Ovo djelo je zbirka poruka koje su bile propovjedane u prošlosti za sve vjernike, naročito za one koji bez sumnje vjeruju u svemogućeg Boga i žele da vode život prepun Božjim odgovorima.

Neka ovo djelo Moj Otac će vam dati u ime Moje služi kao vodič koji će povesti sve čitaoce da postanu svjesni zakona duhovnog kraljevstva u Božjim odgovorima i omogući im da dobiju sve što su potražili u molitvi, u ime Isusa Hrista ja se molim!

Ja dajem svu zahvalnost i slavu Bogu jer je dozvolio da ova knjiga nosi Njegovu dragocijenu riječ koja će biti objavljena i izražavam svoju iskrenu zahvalnost prema svima onima koji su naporno radili za ovaj poduhvat.

Jaerock Lee

Sadržaj

MOJ OTAC ĆE VAM DATI U IME MOJE

Poruka o objavljivanju

Poglavlje 1
Načini za dobijanje Božjih odgovora   1

Poglavlje 2
Mi još uvijek moramo Njega da pitamo   13

Poglavlje 3
Duhovni zakon u Božjim odgovorima   23

Poglavlje 4
Uništite zid grijeha   35

Poglavlje 5
Požnjećete ono što ste posijali   47

Poglavlje 6
Ilija sa ognjem dobija Božji odgovor   61

Poglavlje 7
Kako da ispunite želje svog srca   71

Poglavlje 1

Načini za dobijanje Božjih odgovora

Dječice moja, da se ne ljubimo riječju ni jezikom, nego djelom i
istinom. I po tom doznajemo da smo od istine i pred Njim
tješimo srca svoja, jer ako nam zazire srce naše; Bog je veći od
srca našeg i zna sve. Ljubazni, ako nam srce naše ne zazire,
slobodu imamo pred Bogom; i šta god zaištemo,
primićemo od Njega, jer zapovijesti Njegove
držimo i činimo šta je Njemu ugodno

(1. Poslanica Jovanova 3:18-22).

Jedan od izvora velike radosti za Božju djecu je činjenica da je svemogući Bog živ, odgovara na njihove molitve i u svim stvarima čini za njihovo dobro. Ljudi koji vjeruju u ovu činjenicu mole se revnosno kako bi mogli da dobiju sve što su tražili od Boga i Njemu daju slavu sa sa sadržinom iz njihovog srca.

1. Poslanica Jovanova 5:14 nam govori: „*I ovo je sloboda koju imamo k Njemu da ako šta molimo po volji Njegovoj posluša nas.*" Stih nas podsjeća da kada mi tražimo u skladu sa Božjom voljom, mi imamo pravo da dobijemo sve od Njega. Ma koliko da je možda zao roditelj, kada njen sin potraži hljeb ona mu neće dati kamen, a kada on potraži ribu majka mu neće dati zmiju. Šta će onda spriječiti Boga u davanju Njegovoj djeci dobre darove kada to oni potraže od Njega?

Kada je žena Hananejka u Jevanđelju po Mateju 15:21-28 stala pred Isusa, ona nije dobila samo odgovore na njene molitve već je i ispunila želje njenog srca. Iako je njena kćer patila od užasnog posjedovanja od strane demona, žena je tražila od Isusa da iscijeli njenu kćer jer je vjerovala da je sve moguće za one koji vjeruju. Šta mislite da je Isus učinio za ovu ženu nejevrejku koja je bez odustajanja tražila od njega ćerkino iscjeljenje? Kako nalazimo u Jevanđelju po Jovanu 16:23: „*I u onaj dan nećete me pitati nizašta. Zaista, zaista vam kažem da šta god uzištete u Oca u ime Moje, daće vam,*" vidjevši ženinu vjeru Isus je odmah odobrio zahtjev. „*O ženo, velika je vjera tvoja; neka ti bude kako hoćeš*" (Jevanđelje po Mateju 15:28).

Koliko je veliki i drag Božji odgovor!

Ako mi vjerujemo u živog Boga, kao Njegova djeca mi moramo Njemu da dajemo slavu dok dobijamo sve što smo tražili od Njega. Sa ovim odlomkom na kome se zasniva ovo poglavlje, dozvolite nam da istražimo načine u kojima mi možemo da dobijemo Božje odgovore.

1. Mi moramo da vjerujemo u Boga koji nam obećava da će nam odgovoriti

Kroz Bibliju, Bog nam obećava da će On svakako odgovoriti na naše molitve i molbe. Prema tome, samo onda kada mi ne sumnjamo u ovo obećanje mi možemo revnosno da tražimo i dobijemo sve što smo potražili od Boga.

U Brojevima 23:19 čitamo: *„Bog nije čovjek da laže, ni sin čovječji da se pokaje, šta kaže neće li učiniti? I šta reče neće li izvršiti?"* U Jevanđelju po Mateju 7:7-8 Bog nam obećava: *„Ištite i daće vam se; tražite i naći ćete; kucajte i otvoriće vam se. Jer svaki koji ište, prima; i koji traži, nalazi; i koji kuca, otvoriće mu se."*

Kroz Bibliju postoje mnogi nagoveštaji koji ukazuju na Božje obećanje, da će nam On odgovoriti ako tražimo u skladu sa Njegovom voljom. Slijede nekoliko primjera:

„Zato vam kažem, sve što ištete u svojoj molitvi vjerujte da ćete primiti i biće vam" (Jevanđelje po Marku 11.24).

„Ako ostanete u Meni i riječi Moje u vama ostanu, šta god

hoćete ištite, i biće vam" (Jevanđelje po Jovanu 15:7).

„I šta god zaištete u Oca u ime Moje, ono ću vam učiniti, da se proslavi Otac u Sinu"(Jevanđelje po Jovanu 14:13).

„Tada ćete Me prizivati i ići ćete i molićete Mi se i uslišiću vas. I tražićete Me i naći ćete Me, kad Me potražite svim srcem svojim" (Jeremija 29:12-13).

„Prizovi Me u nevolji svojoj, izbaviću te i ti Me proslavi" (Psalmi 50:15).

Takvo Bože obećanje je pronađeno vremenom i opet u oba Starom i Novom Zavjetu. Čak i da je postojao jedan biblijski stih koji se odnosi na ovo obećanje, mi bismo se držali čvrsto ovog obećanja i molili se da dobijemo Njegov odgovor. Međutim, pošto je ovo obećanje pronađeno više puta u Bibliji, mi moramo da vjerujemo da je Bog zaista živ i da čini isto i juče i danas i zauvijek (Poslanica Jevrejima 13:8).

Šta više, Biblija nam govori o mnogim blagoslovenim ljudima i ženama koji su vjerovali u Božju riječ, tražili i dobili Njegove odgovore. Mi bi trebali da se ugledamo na vjeru i srca ovih ljudi i vodimo sopstvene živote u kojima ćemo uvijek dobijati odgovore.

Kada je Isus rekao paralizovanom u Jevanđelju po Marku 2:1-12: „Opraštaju ti se grijesi. Ustani i uzmi odar svoj, i hodi," paralizovan je ustao, uzeo svoj odar i izašao javno pred svima i svi svjedoci su bili oduševljeni i samo su mogli da slave Boga.

Kapetan u Jevanđelju po Mateju 8:5-13 došao je pred Isusa zbog svog sluge koji je ležao paralizovan kod kuće, izmučen strahom rekao Mu: „*Samo reci riječ i ozdraviće sluga moj.*" Mi znamo da kada je Isus rekao kapetanu: „*Idi! Kako si vjerovao neka ti bude*" kapetanov sluga je bio iscjeljen u tom času.

Leprozan u Jevanđelju po Marku 1:40-42 došao je kod Isusa i molio Njega na kolenima: „Ako hoćeš, možeš me očistiti." Kako je On bio ispunjen saosjećanjima za leproznog, Isus je pružio ruku i dodirnuo čovjeka: „Hoću, očisti se." Mi nailazimo da je leproza napustila čovjeka i on je bio izliječen.

Bog dozvoljava svim ljudima da dobiju sve što od Njega potraže u ime Isusa Hrista. Bog takođe želi svim ljudima da vjeruju Njemu koji je obećao da će odgovoriti na njihove molitve, da se mole sa nepromjenljivim srcem bez odustajanja i postanu Njegova blagoslovena djeca.

2. Vrste molitava na koje Bog ne odgovara

Kada ljudi vjeruju i mole se u skladu sa Božjom voljom, žive po Njegovoj riječi i umiru baš kao što zrno pšenice umire, Bog zapaža njihovo srce i posvećenost i odgovara njihovim molitvama. Ipak, ako postoje pojedinci koji ne mogu da dobiju Božje odgovore uprkos njihovoj molitvi, koji može da bude uzrok tome? Postoje mnogi ljudi u Bibliji koji nisu uspjeli da dobiju Njegov odgovor iako su se molili. Ispitujući razloge zbog kojih ljudi ne uspijevaju da dobiju Božje odgovore, mi moramo da naučimo kako mi možemo da dobijemo odgovore od Njega.

Prvo, ako mi gajimo grijeh u našem srcu i molimo se, Bog govori da nam On neće odgovoriti na naše molitve. Psalmi 66:18 nam govore: „*Da sam vidio u srcu svom bezakonje, ne bi me uslišio GOSPOD.*" a Isaija 59:1-2 nas podsjeća: „*Gle, nije okraćala ruka GOSPODNJA da ne može spasti, niti je otežalo uho Njegovo da ne može čuti. Nego bezakonja vaša rastaviše vas s Bogom vašim i grijesi vaši zakloniše lice Njegovo od vas, da ne čuje.*" Zato što će neprijatelj đavo presresti našu molitvu zbog našeg grijeha, to će samo pobjediti vazduh i neće stići do Božjeg prijestolja.

Drugo, ako se molimo u sredini neslaganja sa našom braćom, Bog nam neće odgovoriti. Zato što nam naš nebeski Otac neće oprostiti dok mi ne oprostimo našoj braći iz srca (Jevanđelje po Mateju 18:35), naša molitvi niti će biti predana Bogu niti će joj biti odgovoreno.

Treće, ako se molimo da bi zadovoljili svoje želje, Bog neće odgovoriti na našu molitvu. Ako zanemarimo Njegovu slavu i umjesto toga se molimo u skladu sa željama griješne prirode i trošimo ono što smo od Njega dobili zbog našeg zadovoljstva, Bog nam neće odgovoriti (Jakovljeva Poslanica 4:2-3). Na primjer, marljivoj i vrijednoj ćerci otac će dati džeparac kada god ona potraži. A međutim, nepovinovanoj ćerci koja ne mari toliko za učenje, otac će biti ili bezvoljan u davanju njenog džeparca ili zabrinut da će možda potrošiti njen džeparac na pogrešne stvari. Na isti način, ako tražimo nešto sa pogrešnim razlozima ili da bi zadovoljili griješnu prirodu, Bog nam neće odgovoriti jer možda idemo na donji put koji vodi do uništenja.

Četvrto, mi ne bi trebalo niti da se molimo niti da uzvikujemo za idolopoklonstvo (Jeremija 11:10-11). Zato što Bog mrzi idole iznad svega, mi samo treba da se molimo za spasenje njihovih duša. Na svaku drugu molitvu ili zahtev za njih ili u njihovu korist biće neodgovoreno.

Peto, Bog ne odgovara na molitve koje su ispunjene sumnjom zato što mi dobijamo odgovore od Gospoda samo kada vjerujemo i ne sumnjamo (Jakovljeva Poslanica 1:6-7). Ja sam siguran da su mnogi od vas bili svjedoci u izlječenju neizlječivih bolesti i rješavanju u naizgled nerješivim problemima kada su ljudi tražili od Boga da interveniše. Ovo je zato što nam je Bog rekao: „*Jer vam zaista kažem: ako ko reče gori ovoj,* „*Digni se i baci se u more*" *i ne posumnja u srcu svom, nego uzvjeruje da će biti kao što govori, biće mu šta god reče.*" (Jevanđelje po Marku 11:23). Vi bi trebali da znate da na molitvu ispunjenom sumnjom ne može biti odgovoreno i da samo molitva u skladu sa Božjom voljom donosi osjećaj neosporne sigurnosti.

Šesto, ako se ne povinujemo Božjim zapovjestima, našoj molitvi neće biti odgovoreno. Kada se povinujemo Božjim zapovjestima i činimo što Njemu godi, Biblija nam govori da možemo da imamo povjerenje u Boga i da dobijemo od Njega sve što potražimo (1. Jovanova Poslanica 3:21-22). Jer nam Poslovice 8:17 govore: „*Ja ljubim one koji mene ljube, i koji me dobro traže nalaze me,*" na molitve ljudi koji su se povinovali Božjim zapovestima u njihovoj ljubavi prema Njemu (1. Poslanica Jovanova 5:3) svakako će biti odgovoreno.

Sedmo, mi ne možemo da dobijemo Božje odgovore bez sijanja. Zato što u Poslanici Galaćanima 6:7 čitamo: „*Ne varajte se: Bog se ne da ružiti; jer šta čovjek posije ono će i požnjeti,*" a 2. Poslanica Korinćanima 9:6 nam govori: „*Ovo pak velim, koji s tvrđom sije, s tvrđom će i požnjeti; a koji blagoslov sije, blagoslov će i požnjeti,*" bez sijanja jedinka ne može požnjeti. Ako neko sadi molitvu, njegova duša će takođe biti dobro; ako seje ponude, on će dobiti finansijski blagoslov; a ako sije njegova djela, on će dobiti blagoslove dobrog zdravlja. Sve u svemu, vi morate da posijete ono što želite da požnjete i da sijete shodno tome da dobijete Božje odgovore.

Pored uslova koji su gore navedeni, ako ljudi ne uspiju da se mole u ime Isusa Hrista ili ne uspiju da se mole iz svog srca ili nastave da brbljaju, njihovoj molitvi neće biti odgovoreno. Nesloga između muža i žene (1. Petrova Poslanica 3:7) ili neposlušnost, njima ne garantuje Božje odgovore.

Mi uvijek moramo da imamo u mislima da takvi uslovi navedeni iznad stvaraju zid između Boga i nas; On će okrenuti Njegovo lice od nas i neće odgovoriti na naše molitve. Prema tome, mi moramo najprije da težimo ka Božjem kraljevstvu i pravednosti, dozivamo Njega u molitvama da bi ispunili želje u našim srcima i uvijek dobijemo od Njega odgovore dok postimo do kraja u čvrstoj vjeri.

3. Tajne za dobijanje odgovora na naše molitve

Na početku faze nečijeg života u Hristu, duhovno je on uporediv sa novorođenčem i Bog odgovara odmah na njegove molitve. Zato što osoba još u potpunosti ne zna cijelu istinu, ako on primjeni u dela riječ Božju on makar malo uči, Bog mu odgovara kao da je novorođenče koje plače za mlijekom i vodi ga u susret Bogu. Kako on učestalo sluša i razumije istinu on će rasti iz faze „malog djeteta" i koliko stavlja istinu u djela, Bog će mu odgovoriti. Ako je pojedinac preraso fazu „djeteta" duhovno ali nastavlja da griješi i ne uspjeva da živi po riječi, on ne može da dobije Božji odgovor; od tog momenta, on će vidjeti Božje odgovore kako ispunjava posvećenost.

Prema tome, kako bi ljudi koji nisu dobili od Njega odgovore primili Njegove odgovore, oni najprije moraju da se pokaju, okrenu od njihovih puteva i počnu da žive pokoran život u kojem će živjeti po Božjoj riječi. Kada oni borave u istini nakon pokajanja kidanjem svog srca, Bog daje nevjerovatne blagoslove za njih. Pošto je Jov imao vjeru koja je bila skladirana kao znanje, on se na početku bunio protiv Boga kada su iskušenja i patnja stale na njegov put. Nakon što je Jov sreo Boga i pokajao se kidajući svoje srce, on je oprostio svojim prijateljima i živio je po Božjoj riječi. Zauzvrat, Bog je blagoslovio Jova duplo više od onoga što je ranije imao (Jov 42:5-10). Jona je bio zarobljen u velikoj ribi zbog njegove neposlušnosti prema Božjoj riječi. Ipak, kada se on molio, pokajo i dao zahvalnost u njegovoj molitvi sa vjerom, Bog je zapovijedio ribi i ona je ispljuvala Jona na suvu zemlju (Jona 2:1-10).

Kada se mi okrenemo od naših puteva, živimo po Očevoj volji i Njega dozivamo, neprijatelj đavo će doći do vas iz jednog pravca ali će bježati od vas u sedam različitih pravaca. Naravno, bolesti, problemi sa vašom djecom i finansijski problemi će biti riješeni. Proganjani muž će se pretvoriti u dobrog i milog muža i mirna porodica koja odaje miris Hrista će dati veliku slavu Bogu.

Ako smo se okrenuli od naših puteva, pokajali se i dobili od Njega odgovore na naše molitve, mi moramo da damo slavu Bogu koja je svjedok naše radosti. Kada mi udovoljavamo i dajemo Njemu slavu kroz naša svjedočenja, Bog neće samo da dobije slavu i uživa u nama, već će postati željan da nas pita: „Šta da ti dam?"

Pretpostavimo da roditelj poklanja njenom sinu poklon a sin ne izgleda zahvalan niti izražava zahvalnost na ni jedan način. Majka ne želi da mu da više ništa drugo. Međutim, ako sin postaje veoma zahvalan za poklon i udovoljava svojoj majci, ona sve više postaje oduševljena i želi da sinu da još više poklona koje u skladu sa time priprema. Na isti način, mi ćemo dobiti mnogo više od Boga kada damo Njemu slavu prisjećajući se da naš Otac Bog uživa kada Njegova djeca dobijaju odgovore na njihove molitve i daje čak i veće dobre darove onima koji svjedoče o Njegovim odgovorima.

Hajde da svi tražimo u skladu sa Božjom voljom, pokažemo Njemu našu vjeru i posvećenost i dobijemo od Njega sve što potražimo. Iz ljudske perspektive možda izgleda teško dok pokazujemo Bogu našu vjeru i posvećenost. Međutim, samo posle takvog procesa kako smo odbacili teške grijehove koji stoje protiv istine, usmjerili oči ka vječnom raju, dobili odgovore na naše molitve i izgradili naše nagrade u nebeskom kraljevstvu, naši životi će biti ispunjeni sa zahvalnošću i biće zaista vrijedni truda. Šta više, naši životi će biti mnogo više blagosloveni jer će iskušenja i patnja biti izbačeni i prava ugodnost će se osjetiti u Božjem vođstvu i zaštiti.

Da svako od vas traži sa vjerom sve što želi, moli se iskreno, bori se sa grijehom i povinuje se Njegovim zapovijestima da bi dobili sve što potražite, udovolji Njemu u svakoj stvari i da veliku slavu Bogu, u ime Isusa Hrista ja se molim!

Poglavlje 2

Mi još uvijek moramo Njega da pitamo

I opomenućete se zlih puteva svojih i djela svojih koja ne bijehu dobra, i sami ćete sebi biti mrski za bezakonja svoja i za gadove svoje. „Neću vas radi učiniti," govori GOSPOD Bog: „Znajte. Posramite se i postidite se puteva svojih, dome Izrailjev!" Ovako veli GOSPOD Bog: „Kad vas očistim od svih bezakonja vaših, naseliću gradove, i pustoline će se opet sagraditi. I pusta će se zemlja raditi, što je bila pusta pred svakim koji prolažaše. I reći će se: „Zemlja ova što biješe pusta posta kao vrt edemski, i gradovi što bijahu pusti, razvaljeni i raskopani, utvrdiše se i naseliše se." I narodi koji ostanu oko vas poznaće da ja GOSPOD sagrađujem razvaljeno i zasađujem opustelo. Ja GOSPOD rekoh, i učiniću." Ovako veli GOSPOD Bog: „Još će me tražiti dom Izrailjev da im učinim: Da ih umnožim ljudima kao stado."

(Jezekilj 36:31-37)

Kroz šezdeset i šest knjiga Biblije, Bog koji je isti juče, danas i zauvijek (Poslanica Jevrejima 13:8) svjedoči činjenici da je On živ i u djelima. Svima onima koji su vjerovali u Njegovu riječ i povinovali se u vremenima Starog Zavjeta, Novog Zavjeta i danas, Bog im je predano pokazao dokaz Njegovog djela.

Bog stvoritelj svega u univerzumu i Vladalac života, smrti, kletve i blagoslova čojvečanstva obećao je da će nas „blagosloviti" (Ponovljeni Zakon 28:5-6) sve dok vjerujemo i povinujemo se Njegovoj riječi pronađenoj u Bibliji. Sada, ako mi iskreno vjerujemo u ovu nevjerovatnu činjenicu, šta će nam nedostajati i šta nećemo dobiti? Mi nailazimo u Brojevima 23:19: „*Bog nije čovjek da laže, ni sin čovječji da se pokaje, šta kaže neće li učiniti? I šta reče neće li izvršiti?" I šta reče neće li izvršiti?"* Zar Bog govori a ne čini? Zar On ne obećava i zar ne ispunjava? Šta više, pošto je Isus obećao u Jevanđelju po Jovanu 16:23: „*Zaista, zaista vam kažem da šta god uzištete u Oca u ime Moje, daće vam,*" Božja djeca su zaista blagoslovena.

Prema tome, samo je prirodno za djecu Božju da vode živote u kojima dobijaju sve što potraže i daju slavu nebeskom Ocu. Zašto onda većina hrišćana ne uspijeva da vodi takav život? Sa odlomkom na osnovu čega se ovo poglavlje zasniva, hajde da istražimo kako mi uvijek možemo da dobijemo odgovore od Boga.

1. Bog je progovorio i učiniće ali mi ipak treba da tražimo od Njega

Po Božjem izboru, ljudi Izraela su dobili obilne blagoslove. Njima je bilo obećano da ako se oni u potpunosti povinuju i prate Božju riječ, On će ih postaviti iznad svih nacija na zemlji, odobriće da neprijatelji koji ustanu protiv njih budu poraženi i blagosloviće sve što stavili u svoje ruke (Ponovljeni Zakon 28:1, 7, 8).

Takvi blagoslovi dešavali su se Izraelcima kada su se povinovali Božjoj riječi, ali kada su činili pogrešno, kada se nisu pokoravali Zakonu i služili idolima, u Božjem gnjevu oni su bili zarobljeni i njihova zemlja je bila uništena.

U to vrijeme Bog je rekao Izraelcima da ako se pokaju i okrenu od svojih zlih puteva, On će dozvoliti da nenaseljena zemlja postane kultivisana i da uništena mjesta budu obnovljena. Šta više, Bog je rekao: „*Ja GOSPOD rekoh, i učiniću. Još će me tražiti dom Izrailjev da im učinim*" (Jezekilj 36:36-37).

Zašto je Bog rekao Izraelcima da će On činiti ali da takođe oni ipak moraju da „traže" od Njega?

Čak iako Bog zna šta nam je potrebno još prije nego što Njega pitamo (Jevanđelje po Mateju 6:8), On nam je takođe rekao: „*Ištite, i daće vam se ... Jer svaki koji ište, prima ... koliko će više Otac vaš nebeski dati dobra onima koji Ga mole*" (Jevanđelje po Mateju 7:7-11).

Pored toga, kako nam je Bog rekao kroz Bibliju da bi mi trebali da od Njega tražimo i uzvikujemo da bi dobili Njegove odgovore (Jeremija 33:3; Jevanđelje po Jovanu 14:14), Božja djeca koja iskreno vjeruju u Njegovu riječ moraju ipak da traže od Boga čak iako je progovorio i iako je On rekao da će učiniti. Sa jedne strane, kada je Bog rekao: „Ja ću učiniti," ako mi vjerujemo i povinujemo se Njegovoj riječi, mi ćemo dobiti odgovore. Sa druge strane, ako sumnjamo, testiramo Boga i ne uspijevamo da budemo zahvalni već se umjesto toga žalimo u vremenima iskušenja i patnji - u globalu, ako ne uspjemo da vjerujemo u Božje obećanje - mi ne možemo da dobijemo Božje odgovore. Čak iako nam je Bog obećao: „Ja ću to učiniti," to obećanje može biti ispunjeno samo kada se čvrsto držimo tog obećanja i u molitvi i u djelima. Ne može se reći za nekoga da ima vjeru ako ne traži i samo posmatra to obećanje i kaže: „Pošto je Bog tako rekao, tako će i biti." Niti može da dobije odgovor od Boga zato što tu ne postoje djela koja su praćena.

2. Mi moramo da tražimo da bi dobili Božje odgovore

Prvo, mi moramo da se molimo kako bi uništili zid koji stoji između Boga i nas.

Kada je Danilo bio zarobljen u Vavilonu nakon pada Jerusalima, on je naišao na pisma koja sadrže proročanstvo Jeremije i saznao je da će pustošenje Jerusalima trajati sedamdeset godina. Za vrijeme tih sedamdeset godina, kako je Danilo saznao, Izrael će služiti kralju Vavilona. Međutim kada su se završili tih sedamdeset godina, kralj Vavilona, njegovo kraljevstvo i zemlja Vavilonaca postali su prokleti i vječito pusti zbog svojih grijehova. Iako su Izraelci bili zarobljeni u Vavilonu u to vrijeme, Jeremijino proročanstvo da će oni postati nezavisni i da će se vratiti u rodnu zemlju nakon sedamdeset godina bio je trenutni izvor radosti i olakšanja za Danila. Ipak, Danilo nije želio iako je lako mogao, da podijeli svoju radost sa njegovim prijateljima Izraelcima. Umjesto toga, Danilo je obećao da će da se izjasni uz prisustvu Boga sa molitvom i preklinjanjem, sa postom, žaljenjem i pepelom. I on se pokajao zbog njegovih i grijehova Izraelaca, zbog njihovih pogrešnih djela, što su bili zli, što su se pobunili i okrenuli od Božjih zapovijesti i zakona (Danilo 9:3-19).

Bog je otkrio kroz Proroka Jeremiju ne kako će se ropstvo Izraelaca u Vavilonu završiti; On je samo prorokovao kraj ropstva nakon sedam decenija. Zato što je Danilo znao zakon duhovnog kraljevstva, on je bio veoma svjestan da je zid koji je stojao između Izraela i Boga najprije trebao da bude uništen kako bi se Božja riječ ispunila. Čineći tako, Danilo je pokazao svoju vjeru sa djelima. Kako je Danilo postio i pokajao se - za njega i za preostale Izraelce - jer su činili loše protiv Boga a potom su i proklinjali, Bog je uništio zid, odgovorio Danilu, dao je Izraelcima „sedamdeset „sedam" [nedelja]" i otkrio mu i druge tajne.

Kako mi postajemo Božja djeca koja traže u skladu sa Očevom riječju, mi bi trebali da razumijemo da uništavanje zida grijeha predhodi dobijanju bilo kog odgovora na naše molitve i kao prioritet uništava taj zid.

Drugo, mi moramo da se molimo sa vjerom i u pokornosti.

U Izlasku 3:6-8 čitamo obećanje Boga ljudima Izraela, koji su u to vrijeme bili zarobljeni u Egiptu, da će ih On izvesti iz Egipta i voditi ka zemlji Hanan, zemlji u kojoj teče med i mlijeko. Hanan je zemlja koju je Bog obećao Izraelcima i koju će im dati u njihov posjed (Izlazak 6:8). On je pod zakletvom obećao da će dati zemlju njihovim potomcima i zapovjedio im da idu gore (Izlazak 33:1-3). To je obećana zemlja gdje je Bog zapovijedio Izraelcima da unište sve idole na tom mjestu i upozorio ih da ne prave savez sa ljudima koji su već tamo živjeli i sa njihovim bogovima, tako da Izraelci ne bi napravili zamku između sebe i njihovog Boga. Ovo je bilo obećanje od Boga koji uvijek ispunjava ono što On obeća. Zašto onda Izraelci nisu mogli da uđu u zemlju Hanan?

U njihovoj nevjerici prema Bogu i Njegovoj moći, ljudi Izraela su gunđali protiv Njega (Brojevi 14:1-3) i nisu Mu se pokorili, zbog toga oni nisu uspjeli da uđu u zemlju Hanan dok su stajali na njenom pragu (Brojevi 14:21-23; Poslanica Jevrejima 3:18-19). Ukratko, iako je Bog obećao Izraelcima zemlju Hanan, to obećanje nije imalo koristi ako oni nisu vjerovali niti se Njemu pokorili. Da su Njemu oni vjerovali i pokorili mu se, to obećanje bi bilo svakako ispunjeno. Na kraju, samo su Isus Navin i Halev koji su vjerovali u Božju riječ, zajedno sa potomcima Izraela, mogli da uđu u Hanan (Isus Navin 14:6-12). Kroz istoriju Izraela, hajde da imamo u mislima da mi možemo da dobijemo Božje odgovore samo kada mi tražimo od Njega vjerujući u

Njegovo obećanje i pokorni i da možemo da dobijemo Njegove odgovore tražeći od Njega sa vjerom.

Iako je sam Mojsije zasigurno vjerovao u Božje obećanje o Hananu, zato što Izraelci nisu vjerovali u Božju moć, čak je i njemu bio zabranjen ulazak u obećanu zemlju. Božje djelo je nekad odgovor na vjeru jednog čovjeka ali nekada odgovor dolazi samo kad svi koji su učesnici posjeduju vjeru koja je potrebna za manifestaciju Njegovog djela. Sa ulaskom u Hanan, Bog je zahtjevao vjeru svih Izraelaca, a ne samo vjeru Mojsija. Ipak, zato što On nije mogao da pronađe ovu vrstu vjere među ljudima Izraela, Bog nije dozvolio njihov ulazak u Hanan. Imajte u mislima da kada Bog traži vjeru ne samo jednog pojedinca već svakoga koji je uključen, svi ljudi treba da se mole sa vjerom i u pokornosti i postanu jedno srce kako bi dobili Njegove odgovore.

Kada je žena koja je patila 12 godina od krvarenja primila iscjeljenje kad je dotakla plašt Isusa, On je pitao: „Ko se to dotače mojih haljina?" i imala je svoje svjedočenje o njenom iscjeljenju ispred svih ljudi koji su se okupili (Jevanđelje po Marku 5:25-34).

Svjedočenje pojedinaca o Božjim djelima manifestovanim u njihovim životima pomaže drugima da njihova vjera raste i jača ih do mjere da se preoblikuju u ljude od molitve koji traže i dobijaju Njegove odgovore. Zato što dobijanje Božjih odgovora sa vjerom dozvoljava nevjernicima da posjeduju vjeru i sretnu živog Boga, to je zaista veličanstven način da se da slava Njemu.

Vjerovanjem i pokoravanjem riječju blagoslova koja se pronalazi u Bibliji i imajući u mislima da mi ipak treba da tražimo iako nam je Bog obećao: „Ja sam obećao i Ja ću učiniti," hajde da uvijek dobijamo Njegove odgovore, postanemo Njegova blagoslovena djeca i damo Njemu slavu sa svim onim što sadrži naše srce.

Poglavlje 3

Duhovni zakon u Božjim odgovorima

I [Isus] izišavši otide po običaju na goru Maslinsku; a za Njim otidoše učenici Njegovi. A kad dođe na mjesto, reče im: „Molite se Bogu da ne padnete u napast." I sam odstupi od njih kako se može kamenom dobaciti, i kleknuvši na kolena moljaše se Bogu: „Kad bi hteo da proneseš ovu čašu mimo Mene; ali ne Moja volja nego Tvoja da bude." A anđeo Mu se javi s neba i krepi Ga. I budući u borenju, moljaše se bolje; znoj pak Njegov biješe kao kaplje krvi, koje kapahu na zemlju. I ustavši od molitve dođe k učenicima svojim i nađe ih, a oni spavaju od žalosti i reče im: Što spavate? Ustanite, molite se Bogu da ne padnete u napast"

(Jevanđelje po Luki 22:39-46).

Božja djeca dobijaju spasenje i imaju pravo da dobiju od Boga sve što traže sa vjerom. Zbog toga mi čitamo u Jevanđelju po Mateju 21.22: „*I sve što uzištete u molitvi vjerujući, dobićete.*" Ipak, mnogo ljudi se pita zašto ne dobijaju Božje odgovore poslije molitve, pitaju se da li je njihova molitva došla do Boga, ili sumnjaju da li je uopšte Bog čuo njihovu molitvu.

Baš kao što mi treba da znamo prikladne metode i puteve da bi bez problema stigli do određene destinacije, samo kada mi postanemo svjesni pravih metoda i puteva molitva mi možemo da dobijemo prikladne odgovore. Sama molitva ne garantuje Božje odgovore; mi moramo da naučimo zakon duhovnog kraljevstva u Njegovim odgovorima i molimo se u skladu sa tim zakonom.

Hajde da istražimo zakon duhovnog kraljevstva u Božjim odgovorima i njen odnos sa sedam Duhova Božjih.

1. Zakon duhovnog kraljevstva u Božjim odgovorima

Zato što je molitva traženje stvari koje želimo i koje su nam potrebne od svemogućeg Boga, mi možemo da dobijemo Njegov odgovor samo kada od Njega tražimo u skladu sa zakonom duhovnog kraljevstva. Ni jedan stepen čovjekovog napora koji je zasnovan na njegovim mislima, metodama, slavi i znanjem, neće ga dovesti do Božjih odgovora.

Zato što je Bog pravedan Sudija (Psalmi 7:11), čuje naše molitve i odgovara na njih, On zahtjeva od nas primjerenu sumu u zamenu za Njegove odgovore. Božji odgovor na naše molitve ne može da se uporedi sa porudžbinom mesa od mesara. Ako se mesar poredi sa Bogom, skala koju koristi može biti uređaj sa kojim Bog mjeri, zasnovana na zakonu duhovnog kraljevstva, da li on može ili ne da dobije Njegov odgovor.

Pretpostavimo da smo otišli u mesaru i da smo naručili dva kilograma govedine. Kada mu potražimo količinu mesa koju smo željeli, mesar mjeri meso i gleda da li je meso dostiglo količinu od dva kilograma. Ako je meso na skali dostiglo težinu od dva kilograma, mesar odbija od nas određenu sumu novca za dva kilograma mesa, pakuje meso i nama ga daje.

Na isti način, kada Bog odgovara na naše molitve, on obavezno dobija nešto od nas zauzvrat što garantuje Njegove odgovore. Ovo je zakon duhovnog kraljevstva u Božjim odgovorima.

Bog čuje naše molitve, prihvata od nas nešto od određene vrijednosti i onda nam odgovara. Ako neko tek treba da dobije Božje odgovore na njegove molitve, to je zato što još nije Bogu predstavio izvjesnu sumu primjerenu Njegovim odgovorima. Zato što potreban iznos u dobijanju Njegovih odgovora varira u zavisnosti sadržaja nečije molitve, dok ne dobije vrstu vjere sa kojom on može da dobije Božje odgovore, on mora da nastavi da se moli i da sakuplja tu potrebnu sumu. Iako mi ne znamo u detalje prikladnu sumu koju Bog zahtjeva od nas, On zna. Prema tome, kako mi obraćamo pažnju na glas Svetog Duha, mi moramo sa postom da tražimo od Boga neke stvari, neke stvari sa obećanom noćnom molitvom, druge sa molitvom sa suzama a opet druge sa ponudama sa zahvalnošću. Takva djela nagomilavaju sumu koja je potrebna u dobijanju Božjih odgovora, kao što nam On daje vrstu vjere sa kojom mi možemo da vjerujemo i blagoslovi nas sa Njegovim odgovorima.

Čak iako dvoje ljudi izdvoje vrijeme i započnu sa obećanom molitvom, jedan dobija Božji odgovor odmah nakon što počne sa obećanom molitvom, dok druga ne uspjeva da dobije Njegov odgovor iako je njeno vrijeme za obećanu molitvu došlo i prošlo. Kakvo objašnjenje mi možemo naći u ovoj različitosti?

Zato što je Bog mudar i i unaprijed pravi Njegove planove, ako Bog tvrdi da pojedinac posjeduje srce koje će nastaviti da se moli sve dok se vrijeme za obećanu molitvu ne završi, On će odgovoriti na zahtjev osobe odmah. Ipak, ako ne uspije da dobije Božji odgovor na problem sa kojim se ona sada suočava, to je zato što ona nije uspjela da pruži Bogu prikladnu sumu za Njegove odgovore. Kada mi obećamo da ćemo se moliti određeni period, mi bi trebali da znamo da je Bog poveo naše srce kako bi On dobio određenu sumu molitve za Njegove odgovore. Stoga, ako mi ne uspijemo da skupimo tu sumu, mi nećemo dobiti Božje odgovore.

Na primjer, ako se neko moli za svoju buduću suprugu, Bog mu traži odgovarajuću mladu i priprema se da Njegova djela za čovjeka čine dobro u svemu. To ne znači da će se odgovarajuća mlada pojaviti pred njegovim očima, iako on još uvijek nije u godinama za brak samo zato što se on molio za nju. Jer Bog odgovara onima koji vjeruju da su primili Njegove odgovore, u vrijeme po Njegovom izboru On će otkriti njima Svoja djela. Ipak, kada nečija molitva nije u skladu sa Njegovom voljom, nikakva količina molitve neće garantovati Božje odgovore. Ako je taj isti čovjek zahtjevao i molio se da njegova buduća mlada ima takve preduslove kao što su obrazovno poreklo, izgled, bogatstvo, slavu i slično – drugim riječima, molitva ispunjena pohlepom formiranom u njegovom umu – Bog mu neće odgovoriti.

Čak iako se dvoje ljudi mole Bogu sa potpuno istim problemom, zbog toga što je njihov stepen posvjećenosti i mjera vjere kojom potpuno mogu vjerovati različita, količina molitve koju Bog prima je takođe različita (Otkrovenje Jovanovo 5:8). Jedan može primiti Božje odgovore za mjesec dana, dok će ih drugi primiti za jedan dan.

Čak štaviše, što je veći značaj Božjih odgovora na nečiju molitvu, to veća količina molitve mora biti. U skladu sa zakonom duhovnog carstva, velika posuda će biti testirana u većem obimu i izaći će kao zlato, dok će mala posuda biti testirana u manjem obimu i malo će vrijedeti Bogu. Zbog toga, niko ne treba da sudi drugima i reći: „Pogledajte sve njegove nevolje uprkos njegovoj vjernosti!" i razočarati Boga na bilo koji način. Među našim praocima vjere, Mojsije je bio testiran 40 godina, a Jakov 20 godina, a mi znamo kako je svaki od njih postao pogodan u Božjim očima i bili su korišćeni za Njegov veliki cilj nakon što su izdržali dotična suđenja. Pomislite na proces u kome je formiran nacionalni fudbalski tim i koji je trenirao. Ako su vještine određenog igrača vrijedne da ga stave na spisak, samo nakon mnogo vremena i truda uloženog u trening biće on u mogućnosti da predstavlja svoju zemlju. Bez obzira na to da li je odgovor koji tražimo od Boga veliki ili mali, mi moramo dirnuti Njegovo srce da bismo primili odgovore. Moleći se da primimo sve što tražimo, Bog će biti ganut i odgovoriti nam kada Njemu damo onu količinu molitve koja dolikuje, kada očistimo naša srca i nemamo zid grijeha koji stoji između Boga i nas i kada mu damo zahvalnost, radost, žrtve paljenice i slično, kao znak naše vjere u Njega.

2. Odnos između Zakona duhovnog kraljevstva i sedam Duhova

Kao što smo unaprijed ispitali sa metaforom mesara i njegove ljestvice, skladno zakonu duhovnog carstva Bog mjeri količinu svačije molitve bez greške i određuje da li je neko sakupio količinu molitve koja dolikuje. Dok mnogi ljudi donose sud o nekoj stvari samo na osnovu onoga što mogu vidjeti svojim očima, Bog pravi preciznu procjenu sa sedam Duhova Božjih (Otkrovenje Jovanovo 5:6). Drugim riječima, kada je neko proglašen kvalifikovanim od strane sedam Duhova, njemu se daju Božji odgovori na molitvu.

Šta mjere sedam Duhova?

Prvo, sedam Duhova mjere nečiju vjeru.
U vjeri, postoje „duhovna vjera" i „tjelesna vjera." Ona vjera koju sedam Duhova mjere nije vjera znanja – tjelesna vjera – već

duhovna vjera koja je živa i koju prate djela (Jakovljeva Poslanica 2:22). Na primjer, postoji scena u Jevanđelju po Marku u poglavlju 9 u kojoj otac djeteta koje su zaposijeli demoni i koji su ga učinili nemim, dolazi pred Isusa (Jevanđelje po Marku 9:17). Otac je rekao Isusu: „Ja vjerujem, pomozi mojoj nevjerici!" Ovdje je otac priznao svoju tjelesnu vjeru, govoreći: „Ja vjerujem" i tražio od Njega duhovnu vjeru, govoreći: „Pomozi mojoj nevjerici!" Isus je odmah odgovorio ocu i iscijelio dječaka (Jevanđelje po Marku 9:18-27). Nemoguće je udovoljiti Bogu bez vjere (Poslanica Jevrejima 11:6). Ipak, pošto možemo ispuniti želje naših srca kada Njemu udovoljimo, pomoću vjere koja može udovoljiti Bogu, mi možemo ispuniti želje naših srca. Zbog toga, ako ne primimo Božje odgovore iako nam je On obećao: „Biće ti ispunjeno jer si vjerovao," to znači da naša vjera još uvijek nije potpuna.

Drugo, sedam Duhova mjere nečiju radost.

Jer u 1. Solunjanima Poslanica 5:16 se govori da se uvijek radujemo, Božja je volja da se uvijek radujemo. Umjesto da budemo radosni u teškim vremenima, mnogi se Hrišćani danas nalaze ograničeni u nervozi, strahu i brizi. Ako istinski vjeruju u živog Boga cijelim svojim srcem, oni uvijek mogu biti radosni bez obzira na situaciju u kojoj se nalaze. Oni mogu biti radosni u revnosnoj nadi koja leži u vječnom nebeskom carstvu, a ne u ovom svijetu koji će za kratko vrijeme proći.

Treće, sedam Duhova mjere nečiju molitvu.

Zbog toga što nam Bog govori da se neprestano molimo (1. Solunjanima Poslanica 5:17) i obećava da će dati onima koji od Njega traže (Jevanđelje po Mateju 7:7), jedino što ima smisla je da ćemo od Boga primiti ono što tražimo u molitvi. Molitva kakvom je Bog zadovoljan podrazumijeva da se uobičajeno molimo (Jevanđelje po Luki 22:39) i da klečimo dok se molimo u skladu sa Božjom voljom. Sa takvim stavom i držanjem, prirodno ćemo prizvati Boga cijelim našim srcem i naša će molitva biti sa vjerom i ljubavlju. Bog ispituje ovakvu vrstu molitve. Mi ne treba da se molimo samo kada nešto želimo, ili kada smo žalosni i da mumlamo u molitvi, već da se molimo u skladu sa Božjom voljom (Jevanđelje po Luki 22:39-41).

Četvrto, sedam Duhova mjere nečiju zahvalnost.

Zbog toga što Bog zapovijeda da se zahvaljujemo u svemu (1. Solunjanima Poslanica 5:18), svako sa vjerom trebao da prirodno daje zahvalnost u svemu cijelim svojim srcem. Pošto nas je On pomjerio sa puta uništenja na put vječnog života, kako da ne budemo zahvalni? Mi treba da budemo zahvalni Božjim susretima sa onima koji iskreno tragaju za Njim i Njegovim odgovorima onima koji od Njega traže. Štaviše, čak iako se susretnemo sa teškoćama tokom našeg kratkog života na ovom svijetu, mi treba da budemo zahvalni jer naša nada počiva u vječnim nebesima.

Peto, sedam Duhova da li se neko pridržava ili ne Božjih zapovijesti.

1. Jovanova Poslanica 5:2-3 nam govori: "*I po tom razumijemo da Ga poznasmo, ako zapovijesti Njegove držimo,*" a Njegove zapovijesti nisu teške (1.Jovanova Poslanica 5:3). Nečija uobičajena molitva na koljenima i dozivanje Boga u molitvi je molitva ljubavi koja potiče iz njegove vjere. Njegovom vjerom i ljubavlju ka Bogu, on će se moliti u skladu sa Božjom riječju.

Ipak, mnogo ljudi se žali na nedostatak Božjih odgovora kada se mole ka zapadu iako ih Biblija uči: "Idite ka istoku." Sve što oni treba da urade je da vjeruju u ono što im Biblija govori i da se povinuju. Zbog toga što brzo ostavljaju Božju riječ na stranu, procjenjuju svaku situaciju prema sopstvenim mislima i teorijama i mole se u skladu iz sopstvene koristi, Bog okreće od njih Njegovu glavu i ne odgovara im. Pretpostavimo da ste obećali da ćete se sresti sa vašim prijateljem na železničkoj stanici, a umjesto toga ste krenuli autobusom za Njujork. Koliko god čekali na autobuskoj stanici, nikako nećete biti u mogućnosti da se sretnete sa vašim prijateljem. Ako ste otišli na zapad iako vam je Bog rekao: "Idite ka istoku," ne možete reći da ste poslušali Njega. Ipak, tragično je i srceparajuće vidjeti toliko mnogo Hrišćana koji posjeduju takvu vjeru. To nije ni vjera ni ljubav. Ako kažemo da volimo Boga, prirodno je da slušamo Njegove zapovijesti (Jevanđelje po Jovanu 14:15; 1. Jovanova Poslanica 5:3).

Ljubav prema Bogu će vas nagoniti da se molite revnosnije i posvećenije. Ovo će zauzvrat doneti plodove spasa naših duša i evangelizacije i dostići će Božje kraljevstvo i pravednost. A vaša duša će napredovati i primićete snagu molitve. Zbog toga što primate odgovor i dajete slavu Bogu i zbog toga što vjerujete, sve će to biti nagrađeno na nebesima, vi ćete biti zahvalni i nećete se iscrpjeti. Prema tome, ako posjedujemo vjeru u Boga, za nas je sasvim prirodno da poštujemo deset Zapovijesti, sažeto iz šezdeset šest knjiga Biblije.

Šesto, sedam Duhova mjere nečiju vjernost.

Bog ne želi da budemo vjerni samo u određenoj oblasti, već da vjerujemo cijeloj Njegovoj kući. Dalje, kao što je zapisano u 1. Korinćanima Poslanici 4:2: „*A od pristava se ne traži više ništa, nego da se ko vjeran nađe,*" podesno je za one sa Bogomdanim dužnostima da traže od Boga da ih osnaži da bi bili vjerni u svemu i pouzdani od ljudi oko njih. Uz to, oni treba da traže vjernost kod kuće i na poslu i kako streme da budu vjerni u svemu u čemu učestvuju, njihovo poštenje mora biti ispunjeno u istini.

Sedmo i poslednje, sedam Duhova mjere nečiju ljubav.

Iako je neko kvalifikovan shodno ovim standardima koje smo naveli, Bog nam govori da bez ljubavi mi smo „ništa" do „činela koja zveckaju," i da je najveća među vjerom, nadom i ljubavlju, ljubav. Štaviše, Isus je ispunio pravilo ljubavi (Poslanica Rimljanima 13:10), a za nas kao za Njegovu djecu je jedino ispravno da volimo jedni druge.

Da bismo dobili Božje odgovore na našu molitvu, mi se prvo moramo kvalifikovati mjereno standardima sedam Duhova. Da li to znači da novi vjernici, koji još uvijek nisu spoznali istinu, nisu u mogućnosti da prime Božje odgovore?

Pretpostavimo da dijete koje ne može govoriti, jednog dana vrlo jasno izgovori: „Mama!" Njegovi roditelji bi bili tako oduševljeni i dali bi svom djetetu šta god poželi.

Po istom principu, pošto postoje različiti nivoi vjere, sedam Duhova mjere svaku ponaosob i odgovaraju u skladu sa tim. Zbog toga, Bog je ganut i oduševljeno odgovara novajliji kada pokaže imalo vjere. Bog je ganut i oduševljen da odgovori kada su vjernici drugog ili trećeg stepena vjere nakupili svoju mjeru vjere koja dolikuje. Vjernici četvrtog ili petog stepena vjere, pošto žive po Božjoj volji i mole se Njemu na još revnosniji način, se odmah kvalifikuju od strane sedam Duhova i primaju Božje odgovore mnogo brže.

Sveukupno, što je veći stepen vjere u kome se neko nalazi – pošto je svjesniji zakona duhovnog kraljevstva i živi po njemu – brže prima Božje odgovore. Ipak, iz kojih razloga novajlije češće primaju Božje odgovore brže? Po milosti koju prima od Boga, novi vjernik postaje ispunjen Svetim Duhom i kvalifikuje se u očima sedam Duhova, te zbog toga brže prima Božje odgovore.

Ipak, kako on dublje ulazi u istinu on postaje lijen i postepeno gubi prvu ljubav jer se žar koji je nekad imao ohladio i razvija se tendencija „izmišljanja koja se čine usput."

U našem žaru za Bogom, postanimo odgovarajući u očima sedam Duhova tako što ćemo revnosno živeti u istini, primati od našeg Oca sve što ištemo u molitvi i voditi blagoslovene živote u kojima ćemo Njega slaviti!

Poglavlje 4

Uništite zid grijeha

Gle, nije okraćala ruka GOSPODNJA
da ne može spasti; Niti je otežalo uho Njegovo
da ne može čuti.
Nego bezakonja vaša rastaviše
vas s Bogom vašim,
i grijesi vaši zakloniše lice Njegovo od vas,
da ne čuje

(Isaija 59:1-2).

Bog govori Njegovoj djeci u Jevanđelju po Mateju 7:7-8: *"Ištite, i daće vam se; tražite, i naći ćete; kucajte, i otvoriće vam se. Jer svaki koji ište, prima; i koji traži, nalazi; i koji kuca, otvoriće mu se"* i obećava da će odgovoriti njihovim molitvama. Ipak, zašto mnogi ljudi ne uspijevaju da dobiju Božje odgovore uprkos Njegovom obećanju? Bog ne čuje molitve grješnika; On okreće svoju glavu od njih. On takođe nije u mogućnosti da odgovori na molitvu ljudi koji imaju zid grijeha koji stoji na njihovom putu ka Bogu. Zbog toga, da bi smo uživali u dobrom zdravlju i da bi sve išlo dobro po nas, čak iako naša duša napreduje, uništavanje zida grijeha koji blokira naš put ka Bogu mora biti naš prioritet.

Istraživanjem različitih elemenata koji su učestvovali u izgradnji zida grijeha, ja podstičem svakog od vas da postane Božje blagosloveno dijete koje će okajati svoje grijehe ako postoji zid grijeha između Boga i njega samog, da primi sve što traži od Boga u molitvi i da Njega slavi.

1. Uništite zid grijeha zbog vašeg nevjerovanja u Boga i neprihvatanja Gospoda kao vašeg Spasitelja

Biblija nalaže da je grijeh za bilo koga ko ne vjeruje u Boga i ko ne prihvata Isusa Hrista za svog Spasitelja (Jevanđelje po Jovanu 16:9). Mnogi ljudi govore: „Ja sam bezgrješan jer sam vodio dobar život," ali u duhovnom neznanju oni prave takve primjedbe bez da poznaju prirodu grijeha. Jer Božja riječ nije u njihovom srcu, ove osobe ne znaju razliku između istinsko ispravnog i istinsko pogrješnog i ne mogu razlikovati dobro od zla. Čak štaviše, bez poznavanja istinske pravednosti, ako im standardi ovoga svijeta kažu: „Ti nisi zao," oni bez rezerve mogu reći da su dobri. Bez obzira na to koliko neko misli da je vodio dobar život, kada pogleda iza sebe na svoj život pod svjetlošću Božje riječi nakon što je prihvatio Isusa Hrista, on otkriva da njegov život uopšte nije bio „dobar." To je zato što on shvata da to što nije vjerovao u Boga i prihvatio Isusa Hrista je najveći od svih grijehova. Bog je u obavezi da odgovori na molitve ljudi koji su prihvatili Isusa Hrista i koji su postali Njegova djeca, jer Božja djeca imaju prva da prime Njegove odgovore na svoje molitve shodno Njegovom obećanju.

Razlog zbog koga Božja djeca – koja vjeruju u Njega i koja su prihvatila Isusa Hrista kao svog Spasitelja – nisu u mogućnosti da prime odgovore na svoje molitve jeste to što nisu u mogućnosti da prepoznaju postojanje zida, koji je proizašao iz njihovog grijeha i zla i koji stoji između Boga i njih samih. Zbog toga čak i kada oni poste ili ostaju budni cijele noći u molitvi, Bog okreće Njegovo lice od njih i ne odgovora na njihovu molitvu.

2. Uništite greh zbog neuspjeha da volite jedni druge

Bog nam govori da je prirodno za Njegovu djecu da vole jedni druge (1. Jovanova Poslanica 4:11). Uz to, zbog toga što nam On govori da volimo čak i naše neprijatelje (Jevanđelje po Mateju

5:44), to što ćemo mrzeti našu braću umjesto da ih volimo je neposlušnost Božje riječi i predstavlja grijeh.

Zbog toga što je Isus Hrist pokazao Njegovu ljubav kroz raspeće za čovječanstvo, koje je bilo ograničeno u grijehu i zlu, za nas je ispravno da volimo naše roditelje, braću i djecu. Ipak, smrtni je grijeh pred Bogom gajiti tako beznačajna osjećanja kao što su mržnja i nevoljnost da oprostimo jedni drugima. Bog nam nije zapovjedio da pokažemo Njemu takvu vrstu ljubavi zbog koje je Isus Hrist umro na krstu da bi iskupio ljudske grijehe; On je samo tražio od nas da pretvorimo mržnju u oproštaj za druge. Zašto je onda, to tako teško? Bog nam govori da svako ko mrzi svoju braću je „ubica" (1. Jovanova Poslanica 3:15) i da će nas na isti način tretirati naš Otac ako ne oprostimo našoj braći (Jevanđelje po Mateju 18:35) i podstiče nas da gajimo ljubav i da se klonimo gunđanja protiv naše braće da izbjegnemo osudu (Jakovljeva Poslanica 5:9).

Jer Sveti Duh stanuje u svakom od nas, ljubavlju Isusa Hrista koji je razapet i koji nas je iskupio od naših grijehova iz prošlosti, sadašnjosti, i budućnosti, mi možemo voljeti sve ljude kada se pokajemo pred Njim, okrenemo se od naših puteva i primimo Njegov oproštaj. Jer ljudi ovoga svijeta ne vjeruju u Isusa Hrista, ipak, nema oproštaja za njih čak i ako se pokaju i oni nisu sposobni da dijele istinsku ljubav jedni sa drugima bez vođstva Svetog Duha.

Čak iako vas vaš brat mrzi, vi morate da posjedujete takvo srce koje stoji pored istine, razumijete i oprostite mu i molite se za njega u ljubavi da i sami ne postanete griješnik. Ako mi mrzimo našu braću umjesto da ih volimo, mi ćemo zgriješiti pred Bogom, izgubićemo obilje Svetog Duha, postaćemo jadni i budalasti provodeći sve naše dane kukajući. Ne treba ni da očekujemo da će Bog odgovoriti na našu molitvu.

Samo uz pomoć Svetog Duha možemo doći do ljubavi, razumijevanja i oprostiti našoj braći i primiti od Boga šta god tražili u molitvi.

3. Uništavanje zida grijeha u nepoštovanja Božjih Zapovijesti

U Jevanđelju po Jovanu 14:21 Isus nam govori: „*Ko ima zapovijesti moje i drži ih, on je onaj što ima ljubav k meni; a koji ima ljubav k meni imaće k njemu ljubav Otac moj; i ja ću imati ljubav k njemu, i javiću mu se sam.*" Iz ovog razloga 1. Jovanova Poslanica nam govori: „Ljubazni, ako nam srce naše ne zazire, slobodu imamo pred Bogom" Drugim riječima, ako je zid grijeha nastao usljed neposlušnosti Božjih zapovjesti, mi ne možemo dobiti Njegove odgovore na našu molitvu. Samo kada Božja djeca slušaju zapovijesti svog Oca i čine da Njemu udovolje mogu od Njega tražiti sve što žele sa uvjerenjem da će primiti sve što traže.

1. Jovanova Poslanica 3:24 nas podsjeća: „*I koji drži zapovjesti Njegove u Njemu stoji, i On u njemu. I po tom poznajemo da stoji u nama, po Duhu koga nam je dao.*" On naglašava da samo onda kada je srce ispunjeno istinom potpunim

predavanjem našeg srca Gospodu i kada ono živi vodeći se Svetim Duhom, može primiti sve što traži i njegov će život biti uspješan u svakom pogledu.

Na primjer, ako u nečijem srcu postoji stotinu soba i on svih sto preda Gospodu, njegova duša će napredovati i primiće blagoslov da sve ide dobro po njega. Ipak, ako ista osoba preda Gospodu pedeset soba u svom srcu a ostale koristi za sebe, on neće moći uvijek primiti Božje odgovore jer će primiti vodstvo Svetog Duha samo pola vremena, jer on koristi ostalih pedeset da preispituje Boga u svojim mislima ili u skladu sa strastvenim žudnjama mesa. Jer naš Gospod stanuje u svakom od nas, čak i ako je pred nama neka prepreka, On nas jača da je zaobiđemo ili da je pregazimo. Čak iako idemo dolinom sijenki, On nam daje način da to izbjegnemo, radi za naše dobro u svim stvarima i vodi naše puteve ka napretku.

Kada udovoljavamo Bogu poštujući Njegove zapovijesti, mi živimo u Bogu i On živi u nama i mi možemo slaviti Njega jer primamo sve što tražimo u molitvi. Hajde da uništimo zid grijeha u nepoštovanju Božjih zapovijesti, počnimo ih poštovati, postanimo pouzdani pred Bogom i slavimo Njega primajući sve što tražimo.

4. Uništite zid grijeha zbog molitve da bi zadovoljili vašu strast

Bog nam govori da sve što radimo u životu, radimo u Njegovu

slavu (1. Korinćanima Poslanica 10:30). Ako se molimo za bilo šta osim za Njegovu slavu, mi želimo da ispunimo naše žudnje i čežnje mesa i ne možemo primiti odgovore na takve zahtjeve (Jakovljeva Poslanica 4:3).

S jedne strane, ako tražite materijalni blagoslov za Božje carstvo i Njegovu pravednost, olakšanje za siromašne i nastojanje za spas duša, primićete Božje odgovore jer vi u stvari tražite Njegovu slavu. Sa druge strane, ako tražite materijalni blagoslov u nadi da se hvalite bratu koji vas prekoreva: „Kako možeš biti siromašan ako ideš u crkvu?" vi se u stvari molite u skladu sa tim da zlo zadovolji vaše žudnje i neće biti odgovora na vašu molitvu. Čak i na ovom svijetu, roditelji koji istinski vole svoje dijete neće mu dati 100 dolara da rasipa tek tako. Po istom principu, Bog ne želi da Njegova djeca hodaju pogriješnim putem i iz tog razloga On ne odgovara na svaki zahtjev koji Njegova djeca imaju.

1. Poslanica Jovanova 5:14-15 nam govori: *„I ovo je sloboda koju imamo k Njemu da ako šta molimo po volji Njegovoj posluša nas." I kad znamo da nas sluša šta god molimo, znamo da će nam dati šta tražimo od Njega."* Samo onda kada odbacimo naše žudnje i molimo se u skladu sa Božjom voljom i za Njegovu slavu, primićemo sve što od Njega tražimo u molitvi.

5. Uništite zid grijeha zbog sumnje u molitvi

Jer Bog je zadovoljan kada pokažemo Njemu našu vjeru, bez vjere je nemoguće udovoljiti Bogu (Jevrejima Poslanica 11:6).

Čak i u Bibliji možemo naći mnoge primjere u kojima su Božji odgovori našli put ka ljudima koji su Njemu pokazali vjeru (Jevanđelje po Mateju 20:29-34; Jevanđelje po Marku 5:22-43, 9:17-27, 10:46-52). Kada ljudi omanu da pokažu svoju vjeru u Boga, oni su prekorevani zbog svoje „slabe vjere" čak iako su Isusovi učenici (Jevanđelje po Mateju 8:23-27). Kada su ljudi pokazali svoju ogromnu vjeru u Njega, čak su se i nejevreji predali (Jevanđelje po Mateju 15:28).

Bog kori one koji nisu u stanju da vjeruju ili koji i najmanje sumnjaju (Jevanđelje po Marku 9:16-29) i govori nam da ako gajimo i gram sumnje dok se molimo, ne treba da mislimo da ćemo primiti bilo šta od Gospoda (Jakovljeva Poslanica 6-7). Drugim riječima, čak i ako se molimo cijele noći, ako je naša molitva ispunjena sumnjama, ne treba ni da očekujemo da ćemo primiti Božje odgovore.

Šta više, Bog nas podsjeća: „Imajte vjeru Božju; jer vam zaista kažem: ako ko reče gori ovoj: *„Digni se i baci se u more,"* i *ne posumnja u srcu svom, nego uzvjeruje da će biti kao što govori: biće mu šta god reče. Zato vam kažem, sve što ištete u svojoj molitvi vjerujte da ćete primiti; i biće vam"* (Jevanđelje po Marku 11:23-24).

Jer: „Bog nije čovjek da laže, ni sin čovječji da se pokaje" (Brojevi 23:19), kao što je Bog zaista obećao odgovoriće na molitve svih onih koji vjeruju i traže za Njegovu slavu. Ljudi koji vole Boga i posjeduju vjeru obavezuju se da vjeruju i da traže

Božju slavu i zbog toga im je rečeno da traže šta god žele. Pošto vjeruju, traže i primaju Božje odgovore za sve što traže, ovi ljudi mogu Bogu podariti slavu. Hajde da se riješimo svih sumnji i vjerujmo, tražimo i primićemo od Boga da bismo Njemu podarili slavu sadržaja naših srca.

6. Uništite zid grijeha jer niste sijali pred Bogom

Kao Vladalac svega u univerzumu, Bog je uspostavio zakon duhovnog kraljevstva i kao pravedni Sudija On vodi sve na ustaljeni način.

Kralj Darije nije mogao spasiti svog voljenog slugu Danila iz lavovske jazbine, zato što iako je kralj, nije mogao da ne posluša dekret koji je sam sastavio. Isto tako, Bog ne može da ne posluša zakon duhovnog kraljevstva koji je On Sam uspostavio, sve u univerzumu se vodi sistematski pod Njegovim nadzorom. Zbog toga: „Bog nije ismevan" i dozvoljava čovjeku da žanje ono što je posijao (Poslanica Galaćanima 6:7). Ako jedan sije molitvu, primiće duhovni blagoslov; ako sije svoje vrjeme, primiće blagoslov dobrog zdravlja; ako sije darove, Bog će ga sačuvati od nevolja na poslu, radu, kod kuće i dobiće još veće materijalne blagoslove.

Kada sijemo pred Bogom na različite načine, On odgovara na našu molitvu i daje nam sve što tražimo. Ako revnosno sijemo pred Bogom, nećemo imati samo bogate plodove već ćemo primiti svo što od Njega tražimo u molitvi.

Pored šest navedenih zidova grijeha, „grijeh" uključuje i takve želje i djela mesa kao nepravednost, zavidnost, bes, ljutnja i gordost, ne boreći se protiv grijehova do tačke prolivanja krvi i ne biti revnosan za kraljevstvo Božje. Učeći i razumijevajući različite faktore koji izgrađuju zid koji stoji između Boga i nas, hajde da uništimo zid grijeha i primamo uvijek Božje odgovore, tako što ćemo slaviti Njega. Svako od nas bi trebalo da postane vjernik koji uživa u dobrom zdravlju i neka nam sve ide od ruke iako naša duša napreduje.

Zasnovano na Božjoj riječi nađenoj u Isaija 59:1-2, mi smo ispitali brojne faktore koji izgrađuju zid koji stoji između Boga i nas. Neka svako od vas postane blagosloveno Božje dijete koje najprije razumije prirodu ovog zida, uživa u dobrom zdravlju i čiji svaki posao uspjeva čak i ako njegova duša napreduje i slavi našeg nebeskog Oca primajući sve što traži u molitvi, u ime Isusa Hrista ja se molim!

Poglavlje 5

Požnjećete ono što ste posijali

Ovo pak velim: koji s tvrđom sije, s tvrđom će i požnjeti; a koji blagoslov sije, blagoslov će i požnjeti. Svaki po volji svog srca, a ne sa žalošću ili od nevolje; jer Bog ljubi onog koji dragovoljno daje

(2. Korinćanima Poslanica 9:6-7).

Svake jeseni, možemo vidjeti mnoštvo zlatnih talasa zrelih biljaka pirinča u polju. Da bi se ove biljke pirinča požnjele, mi znamo da je trebalo mnogo teškog rada i posvjećenosti seljaka od sađenja semena, gajenja i negovanja biljaka tokom proljeća i ljeta.

Seljak koji ima veliko polje i sije mnogo sjemena mora mukotrpnije da radi od seljaka koji sije manje sjemena. Ali u nadi da će požnjeti mnogo usjeva on radi marljivije i napornije. Kao što zakon prirode diktira da: „Jedan žanje kao što je posijao," mi treba da znamo da zakon Boga, koji je vlasnik duhovnog kraljevstva prati isti obrazac.

Među današnjim hrišćanima, neki i dalje traže od Boga da ispuni njihove želje bez sijanja, dok se ostali žale na nedostatak Njegovih odgovora uprkos mnogim molitvama. Iako Bog želi da da Njegovoj djeci preobilne blagoslove i da da odgovore na svaki od njihovih problema, čovjek često ne uspjeva da razumije zakon sijanja i žetve i zbog toga ne prima ono što želi od Boga.

Zasnovano na zakonu prirode koji nam govori: „Kako siješ tako ćeš i žnjeti," saznajmo šta treba da sijemo i kako da sijemo da bismo uvijek primali Božje odgovore i slavimo Njega bez rezervno.

1. Polje prvo mora biti kultivisano

Prije nego posije sjeme, seljak mora obraditi polje u kome će raditi. On uklanja kamenje, ravna zemlju i stvara okolinu i uslove u kojima sjeme može prikladno rasti. Shodno posvjećenosti seljaka i teškom radu, čak i opustošena zemlja može biti pretvorena u plodno tlo.

Biblija poredi srce svake osobe sa poljem i kategoriše ga u četiri različite vrste (Jevanđelje po Mateju 13:3-9).

Prvi tip je „polje pored puta."
Zemljište polja pored puta je čvrsto. Osoba sa takvim srcem ne odlazi u crkvu ali ni nakon što je čula riječ, ne otvara vrata svog srca. Zbog toga, ona nije u mogućnosti da spozna Boga i zbog nedostatka vjere, ne uspjeva da bude prosvetljena.

Drugi tip je „kamenito polje."
U tom kamenitom polju, zbog kamenja u polju, pupoljci ne mogu rasti odgovarajuće. Osoba sa takvim srcem poznaje riječ samo kao znanje i njena vjera ne prati djela. Jer njoj nedostaje sigurnost vjere, ona brzo pada u trenucima iskušenja i patnje.

Treći tip je „trnovito polje."
U tom trnovitom polju, zbog toga što trnje narasta i guši biljke, dobri plodovi ne mogu biti požnjeti. Osoba sa takvim srcem vjeruje u Božju riječ i pokušava da živi po njoj. Ali on ne čini u skladu sa Božjom voljom, već u skladu sa željama mesa. Jer je rast riječi posijanim u njegovom srcu pomješan sa iskušenjem posjedovanja i profitiranja ili sa brigama ovog svijeta, on ne može ubrati plodove. Iako se on moli, oa se ne može pouzdati u „nevidljivog" Boga i zato brzo uključuje svoje misli i načine. Zbog

toga ne uspijeva da iskusi Božju moć jer On može takvu osobu gledati samo iz daleka.

Četvrti tip je "dobra zemlja."

Vjernik sa ovakvim dobrim poljem samo govori "Amin" na sve što je Božja riječ i sluša sa vjerom bez mešanja njegovih sopstvenih misli i kalkulacija. Kada je sjeme posijano u ovo dobro tlo, ono dobro raste i daje plodove sto puta, šezdeset ili trideset puta više nego što je posijano.

Isus je samo rekao "Amin" i bio je vjeran riječi Božjoj (Filipljanima 2:5-8). Na isti način, osoba sa "dobrim tlom" srca je bezuslovno vjerna Božjoj riječi i živi po njoj. Ako mu Njegova riječ govori da uvijek bude radostan, on je radostan u svim okolnostima. Ako mu Njegova riječ kaže da se stalno moli, on se neprestano moli. Osoba koja posjeduje "dobru zemlju" srca može uvek razgovarati sa Bogom, primiti šta god traži u molitvi i živjeti po Njegovoj volji.

Bez obzira na to kakvu vrstu polja mi imamo sada, uvijek ga možemo pretvoriti u dobru zemlju. Možemo uzorati kamenito polje i povaditi kamenje, ukloniti trnje i oploditi svako polje.

Kako možemo kultivisati naša srca u "dobru zemlju"?

Prvo, moramo služiti Bogu u duhu i istini.

Mi moramo predati Bogu naš um, volju, posvjećenost i snagu i u ljubavi mu ponuditi naše srce. Samo tada ćemo biti sačuvani od zaludnih misli, zamora, i dremljivosti i bićemo u stanju da preokrenemo naša srca u dobro zemljište pomoću moći koja dolazi odozgo.

Drugo, mi moramo odbaciti naše grijehe do tačke prolivanja krvi. Kada se potpuno pokoravamo Božjoj riječi, uključujući i zapovjesti „Čini ovo" i „Nemoj da radiš ono" i kada živimo po njima, naše srce će se postepeno preokrenuti u dobro tlo. Na primjer, kada su zavist, ljubomora, mržnja i slično otkriveni, samo pri strasnoj molitvi može se naše srce pretvoriti u dobru zemlju.

Koliko god ispitivali polje našeg srca i marljivo ga kultivisali, naša vjera sve više raste i u Božjoj ljubavi svaki naš napor ide dobro. Mi moramo revnosno kultivisati našu zemlju jer što više živimo po Božjoj riječi, sve više raste naša duhovna vjera. Što više raste naša duhovna vjera, više „dobre zemlje" možemo posjedovati. Za ovo mi moramo kultivisati naše srce sve revnosnije.

2. Različita sjemena moraju biti posijana

Jednom kad je zemlja kultivisana, seljak počinje da sije sjeme. Kao što mi uzimamo različitu vrstu hrane da bismo u ravnoteži održavali naše zdravlje, seljak sadi i gaji takvo različito sjeme kao što je pirinač, pšenica, povrće, grašak i slično.

U sijanju pred Bogom, mi ćemo sijati mnogo različitih

stvari. „Sijanje" se duhovno odnosi na poslušnost, među Božjim zapovjestima, ono što nam On govori da „Uradimo." Na primjer, ako nam Bog kaže da se uvijek radujemo, mi možemo sijati našom radošću koja isparava iz naših nada za nebesima i ovom radošću Bog je oduševljen i On nam daje želje našeg srca (Psalmi 37:4). Ako nam On kaže da „propovjedamo jevanđelje," mi moramo brižljivo širiti Božju riječ. Ako nam On kaže da „Volimo jedni druge," „Da budemo vjerni," „Da budemo zahvalni," i „Da se molimo," mi treba da uradimo tačno i brižljivo to što nam je rečeno.

Prema tome, živeći u skladu sa Božjom riječju plaćajući desetak i čuvajući Sabat kao sveti, je akt sijanja pred Njim, ono što sijemo može napupiti, dobro rasti, cvjetati, i doneti obilje plodova.

Ako smo posijali štedljivo, nevoljno, ili pod prisilom, Bog ne prihvata naš trud. Kao što seljak sije svoje sjeme u nadi da će žetva biti dobra u jesen, po vjeri mi moramo takođe vjerovati i fiksirati naše oči na Boga koji nas blagoslovi sa sto, šezdeset, ili trideset puta više nego što smo posijali.

Poslanica Jevrejima 11:6 nam govori: *„A bez vjere nije moguće ugoditi Bogu; jer onaj koji hoće da dođe k Bogu, valja da vjeruje da ima Bog i da plaća onima koji Ga traže."* Stavljajući naše povjerenje u Njegovu riječ, kada pogledamo u našeg Boga koji nas nagrađuje i kada sijemo pred Njim, mi možemo žnjeti u izobilju u ovom svijetu i čuvati naše nagrade u nebeskom kraljevstvu.

3. Polje mora biti negovano u istrajnosti i posvjećenosti

Nakon sijanja sjemena, seljak neguje polje sa najvećom pažnjom. On zaliva biljke, čupa korov i hvata bube. Bez takvih napora za očuvanjem, biljke mogu niknuti ali će se osušiti i umrijeti prije nego što donesu plodove. Duhovno, "voda" označava Božju riječ. Kao što nam je Isus rekao u Jevanđelju po Jovanu 4:14: *"A koji pije od vode koju ću mu Ja dati neće ožednjeti dovijeka; nego voda što ću mu Ja dati biće u njemu izvor vode koja teče u život vječni,"* voda simbolizuje vječni život i istinu. "Hvatanje buba" označava čuvanje Božje riječi posađene u našem polju srca protiv neprijatelja đavola. Kroz službu, slavu i molitvu punoća u našem srcu može biti održana čak iako neprijatelj đavo dođe da se umiješa u rad na našem polju.

"Čupanje korova" je proces u kome mi odbacujemo neistine kao što su bijes, mržnja i slično. Kada se predano molimo i kada težimo da odbacimo bijes i mržnju, bijes se iskorjenjuje dok sjeme krotkosti izvire i mržnja se iskorjenjuje dok sjeme ljubavi izvire. Kada su neistine iskorjenjene i kada je mješanje neprijatelja đavola uhvaćeno, mi možemo izrasti kao Njegova istinska djeca.

Važan faktor u njezi polja nakon sadnje sjemena je čekanje pravog vremena u istrajnosti. Ako seljak iskopa zemlju ubrzo nakon što je posijao sjeme da bi vidio da li njegove biljke klijaju, sjeme može lako istruleti. Do žetve, veliki dio posvjećenosti i istrajnosti je potreban.

Vrijeme potrebno za rađanje plodova razlikuje se od sjemena do sjemena. Dok dinja i lubenica daju plodove za manje od godinu dana, za jabuku i krušku je potrebno nekoliko godina. Radost seljaka koji gaji žen-šen će biti neopisivo veća, za razliku od seljaka koji gaji lubenice, jer se vrijednost žen-šena koji se gaji godinama ne može uporijediti sa vrijednošću lubenica, koje se gaje kraći period vremena.

Po istom principu, kada sijemo pred Bogom u skladu sa Njegovom riječju, ponekad ćemo primiti Njegove odgovore odmah i požnjeti plodove, ali ponekad može biti potrebno više vremena. Kao što nas podsjeća Poslanica Galaćanima 6:9: *„Ne gubimo srce čineći dobro, jer ćemo blagovremeno požnjeti ako se ne umorimo,"* dok ne dođe vrijeme žetve mi moramo njegovati naše polje istrajno i u posvjećenosti.

4. Požnjećete ono što ste posijali

U Jevanđelje po Jovanu 12:24 Isus nam govori: „Zaista, zaista vam kažem: Ako zrno pšenično padnuvši na zemlju ne umre, ono jedno ostane; ako li umre mnogo roda rodi." U skladu sa Njegovim zakonom, Bog pravednosti je postavio Isusa Hrista svog jedinorodnog sina kao žrtvu pomirenja čovječanstva i dozvolio mu da postane jezgro pšenice, padne i umre. Kroz Njegovu smrt Isus je proizveo mnogo plodova.

Zakon duhovnog kraljevstva je sličan zakonu prirode koji diktira „Žnjećeš što si posijao," zakon Boga koji ne može niti narušen. Poslanica Galaćanima 6:7-8 nam jasno govori: *„Bog se* *ne da ružiti; jer šta čovjek posije ono će i požnjeti. Jer koji sije u tijelo svoje, od tijela će požnjeti pogibao; a koji sije u duh, od duha će požnjeti život vječni."*

Kada seljak sije sjeme u svom polju, zavisno od vrste sjemena, on može požnjeti usjeve ranije od drugih i nastavlja da sije sjeme nakon žetve. Što više seljak sije i revnosnije njeguje polje, više će usjeva požnjeti. Na isti način i u našoj vezi sa Bogom mi žanjemo što smo posijali.

Ako sijete molitvu i slavu, uz pomoć moći odozgo možete živjeti po Božjoj riječi dok vam duša napreduje. Ako vjerno radite za kraljevstvo Božje, bilo kakva bolest će vas napustiti kada primate blagoslove u tjelesnom i duhovnom. Ako revnosno sijete sa vašom materijalnom imovinom, porezima i žrtvama zahvalnosti, On će vam dati veći materijalni blagoslov pri čemu će vam On omogućiti da ih koristite za Njegovo kraljevstvo i pravednost.

Naš Gospod koji nagrađuje svaku osobu u skladu sa time šta je učinio, govori nam u Jevanđelju po Jovanu 5:29: *„I izići će koji su činili dobro u vaskrsenje života, a koji su činili zlo u vaskrsenje suda."* Prema tome, mi moramo živjeti u Svetom Duhu i činiti dobro u našim životima.

Ako neko sije ne za Svetog Duha već za sopstvene želje, on može požnjeti samo ono sa ovog svijeta što će na kraju proći. Ako vi mjerite i sudite drugima, vi ćete takođe biti mjereni i biće vam suđeno u skladu sa Božjom riječju koja govori: *„Ne sudite da vam se ne sudi. Jer kakvim sudom sudite, onakvim će vam* *suditi; i kakvom mjerom mjerite, onakvom će vam se mjeriti"* (Jevanđelje po Mateju 7:1-2). Bog nam je oprostio sve naše grijehe koje smo počinili prije nego smo prihvatili Isusa Hrista. Ali ako počinimo grijehe nakon što smo spoznali istinu i grijeh i ako nam se oprosti kajanjem, mi ćemo primiti prijekor.

Ako ste sijali grijeh, u skladu sa zakonom duhovnog kraljevstva, vi ćete žnjeti plodove vašeg grijeha i suočiti se sa iskušenjima i patnjom.

Kada je Božji voljeni David zgriješio, Bog mu je rekao: *„Zašto si prezreo riječ Gospodnju čineći šta Njemu nije po volji? i „Evo, ja ću podignuti na te zlo iz doma tvog"* (2. Samuelova 12:9-11). Kada su Davidu bili oprošteni njegovi grijesi jer se pokajao: „Sagriješih GOSPODU," mi takođe znamo da je Bog udario na dijete koje je Urijeva žena rodila Davidu (2. Samuelova 12:13-15).

Mi bi trebali da živimo u istini a da činimo dobro, sjetite se da žanjemo sve što smo posijali u svemu, sijte za Svetog Duha, primite vječni život od Svetog Duha i uvijek primajte Božje prekomjerne blagoslove.

U Bibliji ima mnogo osoba koje su udovoljavale Bogu i zatim primile izobilje blagoslova. Žena u Sunimu je uvijek tretirala Jeliseja Božjeg čovjeka sa najviše poštovanja i učtivosti, odsjedao je u njenoj kući kad god bi bio u blizini. Nakon što je razgovarala sa mužem o pripremi gostinske sobe za Jeliseja, žena je uredila sobu za proroka i postavila krevet, sto, stolicu, lampu i zauzimala se Jelisej ostane u njenoj kući (2. Knjiga Kraljevima 4:8-10).

Jelisej je bio duboko ganut ženinom posvjećenošću. Kada je saznao da je ženin muž star i da nemaju djece i da je imati sopstveno dijete ženina želja, Jelisej je zamolio Boga za blagoslov rađanja ove žene i Bog joj je podario sina godinu dana kasnije (2. Knjiga Kraljevima 4:11-17).

Kako je Bog obećao u Psalmima 37:4: „*Tješi se GOSPODOM, i učiniće ti šta ti srce želi*" ženi iz Sunima su date želje iz njenog srca jer je negovala Božjeg slugu sa pažnjom i posvjećenosti (2. Knjiga Kraljevima 4:8-17).

U Djelima Apostolskim 9:36-40 je zapis o ženi iz Jope koja se zvala Tabita, koja je obilovala djelima ljubaznosti i milosrđa.

Kada se razbolela i umrla, učenici su javili vijest Petru. Kada je on stigao na to mjesto, udovice su pokazale Petru odore i drugu odeću koju je Tabita za njih napravila i preklinjale ga da ženu vrati u život. Petar je bio duboko ganut ženinim gestom i iskreno se molio Bogu. Kada je rekao: „Tabita ustani," ona je otvorila oči i sjela. Zato što je Tabita sijala pred Bogom čineći dobro i pomažući siromašnima, ona je mogla primiti blagoslov produžetka svog života.

U Jevanđelju po Marku 12:44 je zapis o siromašnoj udovici koja je Bogu dala sve. Isus, koji je gledao gomilu ljudi koji su davali žrtve paljenice u hramu, rekao je Njegovim učenicima: „*Jer svi metnuše od suviška svog; a ona od sirotinje svoje metnu sve što imaše, svu hranu svoju"* i zapovjedio joj. Nije teško uvidjeti da je žena kasnije u svom životu primila još veće blagoslove.

Prema zakonu duhovnog kraljevstva, Bog pravednosti nam omogućava da žanjemo što smo posijali i nagrađuje nas po onome što je svako od nas učinio. Jer Bog čini u skladu sa vjerom svake osobe, kako ona vjeruje i povinuje se, mi treba da razumijemo da možemo primiti bilo šta što tražimo u molitvi. Sa ovim na umu, neka svako od vas preispita svoje srce, marljivo ga kultivišite u dobru zemlju, posijte mnogo sjemena, negujte ih u istrajnosti i posvjećenosti i berite izobilje plodova, u ime našeg Gospoda Isusa Hrista ja se molim!

Poglavlje 6

Ilija sa ognjem dobija Božji odgovor

I reče Ilija Ahavu: „Idi, jedi i pij, jer dolazi veliki dažd." I otide Ahav da jede i pije. A Ilija se pope na vrh Karmila, i saže se k zemlji i metnu lice svoje među koljena svoja. A momku svom reče: „Idi, pogledaj put mora." A on otišavši pogleda, pa reče: „Nema ništa." I reče mu: „Idi opet sedam puta." A kad bi sedmi put, reče: „Eno, mali oblak kao dlan čovječiji diže se od mora." Tada reče: „Idi, reci Ahavu, preži i idi, da te ne uhvati dažd." U tom se zamrači nebo od oblaka i vjetra, i udari veliki dažd. A Ahav sjedavši na kola otidje u Jezrael

(1. Knjiga Kraljevima 18:41-45).

Moćni Božji sluga Ilija mogao bi posvjedočiti o živom Bogu i omogućiti Izraelcima koji obožavaju idole da okaju svoje grijehe Božjim odgovorom sa vatrom koju je tražio i primio. Uz to, kada nije bilo kiše tri i po godine zbog Božjeg gnjeva na Izraelce, Ilija je bio taj koji je izveo čudo i okončao sušu donoseći obilnu kišu.

Ako jvjerujemo u živog Boga, mi moramo takođe u naš život primiti Božji odgovor u vidu vatre kao i Ilija, svjedočiti pred njim i Njega slaviti.

Istraživanjem Ilijine vjere, pomoću koje je on primio Božji odgovor u vidu vatre i vidio sopstvenim očima ispunjenje želja njegovog srca, hajde da postanemo blagoslovena Božja djeca koja uvijek primaju odgovore našeg Oca u vidu vatre

1. Vjera Ilije, sluge Božjeg

Kao Božji odabir, Izraelci su trebali da obožavaju samo jednog Boga, ali njihov kralj je počeo da čini zlo pred Božjim očima i obožava idole. Do vremena kad se Ahav uzdigao do prijestolja, ljudi Izraela su počeli da čine više zla i obožavanje idola je dostiglo svoj vrhunac. U ovom trenutku, Božji gnjev prema Izraelu pretvorio se u nesreću suše koja je trajala tri i po godine. Bog je postavio Iliju kao Njegovog slugu i kroz njega manifestovao svoja djela.

Bog je rekao Iliji: *„Idi, pokaži se Ahavu, i pustiću dažd na zemlju"* (1. Knjiga Kraljevima 18:1).

Mojsije, koji je izveo Izraelce iz Egipta, prvo nije poslušao

Boga kada je On zapovjedio Mojsiju da izađe pred Faraona. Kada je Samuelu rečeno da miropomaže Davida, prorok takođe u početku nije poslušao Boga. Ipak, kada je Bog rekao Iliji da ide i da se pokaže pred Ahavom, istom kralju koji je tri godine pokušavao da ga ubije, ovaj prorok je bezuslovno poslušao Boga i pokazao Njemu takvu vjeru kojom je Bog bio zadovoljan.

Zbog toga što je Ilija poslušao i vjerovao u sve što je bila Božja riječ, kroz proroka je Bog mogao da manifestuje Njegova djela ponovo i ponovo. Bog je bio zadovoljan Ilijinom poslušnom vjerom, volio ga je, prepoznao ga je za Njegovog slugu, pratio ga je gdje god da je išao i garantovao svaki njegov napor. Zbog toga što je Bog potvrdio Ilijinu vjeru, on je mogao da diže iz mrtvih, da primi Božji odgovor putem vatre i da se uzdigne do nebesa u vihoru. Iako postoji samo jedan Bog koji sjedi na Njegovom nebeskom prijestolju, svemogući Bog može da nadgleda sve u univerzumu i omogućava Njegovom djelu da se odigra gdje god je On prisutan. Kako mi nailazimo u Jevanđelju po Marku 16:20: *„A oni izađoše i propovjedaše svuda, i Gospod ih potpomaga, i riječ potvrđiva znacima koji su se potom pokazivali,"* kada su pojedinac i njegova vjera prepoznati i priznati od strane Boga, čuda i Njegovi odgovori na molitve osobe su praćeni kao znak manifestovanja Njegovih djela.

2. Ilija sa ognjem dobija Božji odgovor

Zbog toga što je Ilijina vjera bila ogromna i zbog toga što je on bio dovoljno poslušan da bude vrijedan Božjeg priznanja, prorok je mogao hrabro propovjedati o predstojećoj suši u Izraelu.

On je mogao da objavi kralju Ahavu: *"Tako da je živ GOPSPOD Bog Izrailjev, pred kojim stojim, ovih godina neće biti rose ni dažda dokle ja ne kažem"* (1. Knjiga Kraljevima 17:1).

Zbog toga što je Bog znao da će Ahav ugroziti Ilijin život koji je propovjedao o suši, Bog je vodio proroka do potoka Horat, rekao mu da tu ostane neko vrijeme i zapovjedio gavranima da mu donose hljeb i meso ujutru i uveče. Kada je potok Horat presušio zbog nedostatka kiše, Bog je vodio Iliju u Sareptu i pustio tamo udovicu da ga snabdeva hranom.

Kada se udovičin sin razbolio, bivao sve gore I gore, i napokon umro, Ilija je dozivao Boga u molitvi: *"GOSPODE Bože moj, neka se povrati u dijete duša njegova"* (1. Knjiga Kraljevima 17:21)!

Bog je čuo Ilijinu molitvu, oživio dječaka i dozvolio mu da živi. Kroz ovaj događaj, Bog je dokazao da je Ilija bio Božji čovjek i da je riječ Božja u njegovim ustima istina (1. Knjiga Kraljevima 17:24).

Ljudi naše generacije žive u vremenu u kome nikad ne mogu vjerovati u Boga osim ako ne vide čudesne znake i čuda (Jevanđelje po Jovanu 4:48). Da bismo svjedočili danas o živom Bogu, svako od nas mora biti naoružan onakvom vjerom kakvu je posjedovao Ilija i hrabro preuzeti ulogu u širenju jevanđelja.

U trećoj godini proročanstva u kojoj je Ilija rekao Ahavu: „*Ovih godina neće biti rose ni dažda dokle Ja ne kažem,*" Bog je rekao Njegovom proroku: „*Idi, pokaži se Ahavu, i pustiću dažd na zemlju*" (1. Knjiga Kraljevima 18:1). Mi nailazimo u Jevanđelju po Luki 4:25: „*U vrijeme Ilijino kad se nebo zatvori tri godine i šest mjeseci i bi velika glad po svoj zemlji.*" Drugim riječima, u Izraelu nije bilo kiše tri i po godine. Prije nego je Ilija otišao Ahavu drugi put, kralj je uzaludno tražio proroka u susjednim zemljama, vjerujući da je Ilija kriv za trogodišnju sušu.

Iako bi Ilija bio usmrćen istog trenutka kada bi otišao pred Ahava, on je hrabro poslušao Božju riječ. Kad je Ilija stao pred Ahavom, kralj ga je pitao: „Jesi li to ti, nesrećo Izraela?" (1. Knjiga Kraljevima 18:17) Na ovo Ilija je odgovorio: „*Ne donosim ja nesreću na Izrailja, nego ti i dom oca tvog ostavivši zapovjesti GOSPODNJE i pristavši za Valima*" (1. Knjiga Kraljevima 18:18). On je saopštio kralju Božju volju i nikad se nije plašio. Ilija je iskoračio i rekao Ahavu: „*Nego sada pošalji i saberi k meni svega Izrailja na goru karmilsku, i četiri stotine i pedeset proroka Valovih i četiri stotine proroka iz luga, koji jedu za stolom Jezaveljinim*" (1. Knjiga Kraljevima 18:19).

Zbog toga što je Ilija znao da je suša snašla Izrael zato što su njegovi stanovnici obožavali idole, on je tražio da se suoči sa 850 proroka idola i potvrdio: „Bog koji odgovara vatrom – on je Bog." Zbog toga što je Ilija vjerovao u Boga, prorok je Njemu pokazao vjeru i vjerovao je da će Bog odgovoriti vatrom.

On je onda rekao Valovim prorocima: „*Izaberite sebi jednog junca i prigotovite ga prvo, jer je vas više; i prizovite ime bogova svojih, ali ognja ne podmećite*" (1. Knjiga Kraljevima 18:25). Kada Valovi proroci nisu primili nikakav odgovor od jutra do vječeri, Ilija im se rugao.

Ilija je vjerovao da će mu Bog odgovoriti vatrom, u radosti je Ilija naredio Izraelcima da naprave oltar i da sipaju vodu preko žrtve paljenice i preko drveta i molio se Bogu.

Usliši me, GOSPODE, usliši me, da bi poznao ovaj narod da si Ti GOSPOD Bog, kad opet obratiš srca njihova (1. Knjiga Kraljevima 18:37).

Tada pade oganj GOSPODNJI i spali žrtvu paljenicu i drva i kamen i prah, i vodu u opkopu popi. A narod kad to vide sav popada ničice, i rekoše: *„GOSPOD je Bog, GOSPOD je Bog"* (1. Knjiga Kraljevima 18:38-39).

Sve ovo je bilo moguće jer Ilija nije ni najmanje sumnjao kada se molio Bogu (Jakovljeva Poslanica 1:5) i vjerovao je da je već primio ono što je tražio u molitvi (Jevanđelje po Marku 11:24).

Zašto je Ilija naredio da se sipa voda preko žrtve paljenice i onda se molio? Zbog toga što je suša trajala tri i po godine, oskudna i najvrijednija potrepština tada bila je voda. Punjenjem četiri velike tegle vodom i sipanjem vode na žrtvu paljrnicu tri puta (1. Knjiga Kraljevima 18:33-34), Ilija je pokazao Bogu svoju vjeru i dao Njemu ono što mu je bilo najdragocijenije. Bog koji voli radosnog davaoca (Korinćanima Poslanica 9:7) ne samo da je dozvolio Iliji da požanje ono što je posijao, već je dao proroku Njegov odgovor vatrom i potvrdio svim Izraelcima da je njihov Bog zaista živ.

Ako pratimo Ilijine stope i pokažemo Bogu našu vjeru, damo Njemu našu najdragocijeniju stvar i pripremimo se da primimo Njegov odgovor na našu molitvu, mi možemo posvjedočiti o živom Bogu svim ljudima Njegovim odgovorima sa vatrom.

3. Ilija donosi jaku kišu

Nakon što je predstavio živog Boga Izraelcima kroz Njegove odgovore sa ognjem i načinio da se Izraelci pokaju prek idolima kojima su služili, Ilija se sjetio zakletve koju je dao Ahavu - *„Tako da je živ Gospod Bog Izrailjev, pred kojim stojim, ovih godina neće biti rose ni dažda dokle ja ne kažem"* (1. Knjiga Kraljevima 17:1). On je rekao kralju: „Idi, jedi i pij, jer dolazi veliki dažd" (1. Knjiga Kraljevima 18:42) i otišao je na vrh Karmila. On je tako uradio da bi ispunio Božju riječ: „Poslaću kišu na zemlju" i primio Njegov odgovor.

Kada je bio na vrhu Karmila, Ilija je kleknuo na zemlju i stavio svoje lice između svojih koljena. Zašto se Ilija molio na takav način? Ilija je bio na velikim mukama dok se molio.

Kroz ovu sliku, možemo pretpostaviti koliko je iskreno Ilija prizivao Boga svim svojim srcem. Šta više, dokle god nije mogao vidjeti Božji odgovor svojim očima, Ilija nije prestajao da se moli.

Prorok je naložio slugi da drži svoje oči uperene ka moru dok sluga nije vidio oblak, mali kao njegova šaka, Ilija se molio na ovaj način sedam puta. Ovo je bilo više nego dovoljno da zadivi Boga i protrese Njegov nebeski presto. Pošto je Ilija doneo kišu nakon tri i po godine suše, može se pretpostaviti da je njegova molitva bila isuviše moćna.

Kada je Ilija primio Božji odgovor u vidu vatre, on je potvrdio svojim usnama da će Bog raditi za njega iako Bog nije progovorio o tome; isto je uradio i kad je doneo kišu. Nakon što je vidio oblak mali kao ljudska šaka, prorok je poslao riječ Ahavu: „Preži i idi, da te ne uhvati dažd" (1. Knjiga Kraljevima 18:44). Jer Ilija je imao vjeru kojom je mogao da prizna svojim usnama ono što još uvijek nije mogao da vidi (Poslanica Jevrejima 11:1), Bog je mogao da čini po prorokovoj vjeri i zaista skladno Ilijinoj vjeri, za kratko vrijeme je nebo postalo crno, sa oblacima i vjetrom i pao je veliki pljusak (1. Knjiga Kraljevima 18:45).

Mi moramo vjerovati da je Bog, koji je Iliji dao Njegov odgovor vatrom i dugo očekivanu kišu poslije suše koja je trajala tri godine i šest mjeseci, je isti Bog koji nam uklanja iskušenja i patnje, daje nam želje našeg srca i daje nam Njegove čudesne blagoslove.

Siguran sam da ste do sada shvatili, da biste primili Božji odgovor vatre, slavite Njega i da biste ispunili želje svoga srca, prvo mu morate pokazati onakvu vjeru kakvom će On biti zadovoljan, uništite svaki zid grijeha koji stoji između Boga i vas i zatražite bilo šta bez sumnje.

Drugo, u radosti morate izgraditi oltar pred Bogom, prinositi mu žrtve paljenice i moliti se iskreno. Treće, dok ne primite Njegove odgovore, morate priznati svojim usnama da će Bog činiti za vas. Onda će Bog biti izuzetno zadovoljan i odgovoriće vašoj molitvi da biste Njega slavili u sadržaju vašeg srca.

Naš Bog nam odgovara kada se Njemu molimo u vezi problema koji se tiču naše duše, djece, zdravlja, posla i bilo kojih drugih stvari i dobija slavu od nas. Hajde da posjedujemo takođe takvu vjeru kao Ilija, molimo se dok ne primimo Božje odgovore i postanimo Njegova blagoslovena djeca, slaveći uvijek našeg Oca!

Poglavlje 7

Ispunite želje svoga srca

Tješi se GOSPODOM; i učiniće ti šta ti srce želi

(Psalmi 37:4).

Mnogo ljudi danas traži da primi odgovore za različite probleme od svemoćnog Boga. Oni se revnosno mole, poste i mole se noćima da bi primili iscjeljenje, da bi obnovili svoje propale poslove, da bi rađali djecu i da bi primili materijalne blagoslove. Nažalost, ima mnogo ljudi koji nisu u mogućnosti da prime Božje odgovore i da Ga slave u odnosu na druge koji jesu.

Kada nema odgvora od Boga mjesec dana ili dva mjeseca, ovi ljudi se umore, govoreći: „Bog ne postoji," okreću glavu od Boga i počinju da obožavaju idole i time zatamnjuju Njegovo ime. Ako neko posjećuje crkvu ali ne uspjeva da primi Božju moć i slavi Njega, kako to može biti „istinska vjera?"

Ako neko svjedoči da istinski vjeruje u Boga, onda kao Njegovo dijete, on mora biti u mogućnosti da primi žudnje svoga srca i ispuni sve što traži da postigne u toku svog života na ovom svijetu. Ali mnogi ne uspjevaju da ispune želje svojih srca čak iako tvrde da vjeruju. To je zato što ne poznaju sami sebe. Sa odlomkom na koje se odnosi ovo poglavlje, hajde da istražimo načine sa kojima možemo ispuniti želje naših srca.

1. Prvo, jedan mora ispitati svoje sopstveno srce

Svaka osoba mora pogledati unazad i uvidjeti da li stvarno vjeruje u svemogućeg Boga, ili vjeruje samo polovično dok sumnja, ili je samo lukavog srca i traži neku vrstu sreće. Prije nego što spoznaju Isusa Hrista, mnogi ljudi provedu svoje živote služeći idolima ili vjerujući jedino u sebe same. U vrijeme velikog iskušenja ili patnje, ipak, nakon što shvataju da se katastrofe sa kojima se suočavaju ne mogu riješiti snagom čovjeka ili njegovih idola, oni lutaju svijetom, čuju usput da Bog može riješiti njihove probleme i završe pred Njim.

Umjesto da uprave svoje oči na Božju moć, ljudi ovog svijeta samo misle o tome sumnjajući: „Zar mi On ne bi odgovorio ako molim Njega?" ili „Pa, možda molitva može riješiti moju krizu." Ipak, svemoćni Bog upravlja istorijom čovječanstva kao i ljudskim životom, smrću, kletvom i blagoslovom, oživljava mrtve i ispituje srce čovjeka, tako da On ne odgovara osobi koja ima sumnju u svom srcu (Jakovljeva Poslanica 1:6-8).

Ako neko iskreno traži da ispuni želje svog srca, on najprije mora odbaciti sumnju i srce koje traži sreću i mora vjerovati da je već primio bilo šta što traži od svemogućeg Boga u molitvi. Samo tada će Bog moći darovati Njegovu ljubav i dozvoliti mu da ispuni želje svoga srca.

2. Drugo, nečija sigurnost u spasenju i uslovi vjere moraju biti ispitani

Danas u crkvi, mnogi vjernici su predmet problema u svojoj vjeri. Vrlo je srceparajuće vidjeti iznenađujući veliki broj ljudi koji duhovno lutaju, one koji ne uspijevaju da vide, zbog njihovog duhovnog neznanja, da je njihova vjera krenula u pogrešnom pravcu i druge kojima nedostaje sigurnost spasenja čak i nakon mnogo godina života u Hristu i služenja Njemu.

Poslanica Rimljanima 10:10 nam govori: „*Jer se srcem*

vjeruje za pravdu, a ustima se priznaje za spasenje." Kad otvorite vrata vašeg srca i primite Isusa Hrista kao vašeg Spasitelja, milošću Svetog Duha koja je data slobodno odozgo, vi primate vlast kao Božje dijete. Čak štaviše, kada priznate vašim usnama da je Isus Hrist vaš Spasitelj i vjerujete iz vašeg srca da je Bog podigao Isusa iz mrtvih, postaćete sigurni u vaše spasenje.

Ako ne znate za sigurno da li ste primili spasenje, onda postoji problem sa stanjem vaše vjere. To je zato što, ako vam nedostaje sigurnost u to da je Bog vaš Otac i da ste dostigli nebesko državljanstvo i postali Božje dijete, vi ne možete živeti po volji našeg Oca.

Iz ovog razloga Isus nam govori: *„Neće svaki koji Mi govori: „Gospode! Gospode!" ući u carstvo nebesko; no koji čini po volji Oca Mog koji je na nebesima"* (Jevanđelje po Mateju 7:21). Ako veza „Bog Otac-sin (ili kćer)" još uvijek nije nastala za pojedinca, jedino je prirodno da ta osoba neće primiti Njegove odgovore. Čak iako je ta veza poprimila oblik ipak, ako postoji nešto pogrešno u njegovom srcu pred očima Boga, on takođe ne može primiti Božji odgovor.

Zato, ako postanete Božje dijete koje je osiguralo spasenje i koje se kaje zato što nije živjelo po volji Božjoj, On će riješiti svaki vaš problem uključujući bolest, poslovni neuspeh i finansijske teškoće i u svim stvarima On čini za vaše dobro.

Ako tražite odgovor od Boga jer imate problem sa vašim djetetom, istinitom riječju Bog će vam pomoći da riješite mnoge probleme i pitanja koja postoje između vas i vašeg djeteta. Nekad su kriva djeca; češće su ipak roditelji odgovorni za teškoće sa njihovom djecom. Prije nego se počne sa upiranjem prsta u nekog, ako se roditelji najprije okrenu od svojih pogrešnih načina i pokaju se, teže da odgajaju svoju djecu pravilno i predaju sve Bogu, On će im dati mudrost i činiće za dobro oba roditelja i njihovu djecu.

Zato, ako dođete u crkvu i tražite da primite odgovore za vaše teškoće sa djecom, bolešću, finansijama i slično, umjesto da naprasito postite, molite se ili ostanete budni cijele noći moleći se, prvo morate shvatiti u istini šta je začepilo vaš kanal sa Bogom, pokajati se i okrenuti se na drugu stranu. Bog će onda činiti za vaše dobro dok primate vođstvo Svetog Duha. Ako se uopšte i ne potrudite da razumete, čujete Božju riječ ili živite po njoj, vaša molitva Bogu vam neće donijeti Božje odgovore.

Zbog toga što postoji mnogo primjera u kojima ljudi ne uspjevaju u potpunosti da shvate istinu i da prime Božje odgovore i blagoslove, svi mi moramo ispuniti žudnje naših srca tako što ćemo postati sigurni u naše spasenje i živjeti po Božjoj volji (Ponovljeni Zakon 28:1-14).

3. Treće, morate udovoljiti Bogu vašim djelima

Ako neko prizna Boga za Stvoritelja i prihvati Isusa Hrista za svog Spasitelja, što se više uči istini i postaje prosvetljeniji, njegova duša napreduje. Uz to, ako nastavi da otkriva Božje srce, on može živjeti svoj život na način koji Njemu prija. Dok dvogodišnja ili trogodišnja djeca ne znaju kako da udovolje svojim roditeljima, u adolescenciji i kada odrastu djeca uče kako da im udovolje. Po istom principu, što više Božje djece shvati i živi po istini, to više mogu udovoljiti svom Ocu.

Opet i opet nam Biblija govori o načinima na koje su naši praoci u vjeri primili odgovore na svoje molitve udovoljavajući Bogu. Kako je Avram udovoljio Bogu?

Avram je uvijek sijao i živio u miru i posvjećenosti (Postanak 13:9), služio je Bogu svim svojim tijelom, srcem i umom (Postanak 18:1-10) i u potpunosti slušao Njega bez uplitanja njegovih sopstvenih misli (Poslanica Jevrejima 11:19; Postanak 22:12), jer je vjerovao da Bog može oživjeti mrtve. Kao rezultat, Avram je primio blagoslov Jehovahjireh ili „Gospod će se postarati" blagoslov za djecu, blagoslov za finansije, blagoslov dobrog zdravlja i slično i blagoslove u svakom smislu (Postanak 22:16-18, 24:1).

Šta je Noje uradio da primi Božje blagoslove? On je bio pravedan, nevin među ljudima njegove generacije i hodao je sa Bogom (Postanak 6:9). Kada je osudom vode potopljen cio svijet, samo su Noje i njegova porodica mogli da izbjegnu osudu i prime spasenje. Zato što je Noje hodao sa Bogom, on je mogao opaziti Božji glas i pripremiti barku i povesti čak i svoju porodicu u spasenje.

Kada je udovica iz Sarepta u 1. Knjiga Kraljevima 17:8-16

posadila sjeme vjere u Božjeg slugu Iliju tokom suše koja je trajala u Izraelu tri i po godine, ona je primila izuzetne blagoslove. Kako se ona povinovala u vjeri i služila Iliju sa hljebom napravljenim od šake brašna i sa malo ulja iz krčaga, Bog je blagoslovio i ispunio Njegovu prorokovanu riječ rekavši: *„Brašno se iz zdele neće potrošiti niti će ulja u krčagu nestati dokle ne pusti GOSPOD dažda na zemlju."*

Zbog toga što je žena iz Sunim u 2. Knjiga Kraljevima 4:8-17 služila i tretirala Božjeg slugu Iliju sa najvećom pažnjom i poštovanjem, ona je primila blagoslov rođenja sina. Žena je služila Božjeg slugu ne zato što je željela nešto zauzvrat, već zato što je iskreno voljela Boga svojim srcem. Da li ima smisla što je ova žena primila Božji blagoslov?

Takođe se lako može reći da je Bog bio potpuno oduševljen Danilovom vjerom i vjerom njegova tri prijatelja. Iako je Danilo bio bačen u lavlju jazbinu jer se molio Bogu, on je izašao iz jazbine bez ikakve povrede jer je vjerovao Bogu (Danilo 6:16-23). Iako su Danilova tri prijatelja bila vezana i bačena u goruću peć jer nisu obožavali idola, oni su slavili Boga nakon što su izašli iz peći a da ni jedan deo njihovog tijela nije bio opečen ili spržen (Danilo 3:19-26).

Kapetan iz Jevanđelja po Mateju 8 mogao je udovoljiti Bogu svojom ogromnom vjerom i u skladu sa njegovom vjerom, primio je Božje odgovore. Kada je rekao Isusu da je njegov sluga paralizovan i u velikim patnjama, Isus se ponudio da posjeti kapetanovu kuću i da iscijeli njegovog slugu. Ipak, kada je kapetan rekao Isusu: „*Samo reci riječ, i ozdraviće sluga moj*" i pokazao njegovu veliku vjeru i ljubav prema svom slugi, Isus mu je zapovjedio: „*Ni u Izrailju tolike vjere ne nađoh.*" Zato što jedan prima odgovore u skladu sa svojom vjerom, kapetanov sluga bio je iscjeljen istog trenutka. Aleluja!

Postoji i više. U Jevanđelju po Marku 5:25-34 vidimo vjeru žene koja je patila od krvarenja 12 godina. Uprkos njezi mnogih doktora i novcu koji je potrošila, njeno stanje se stalno pogoršavalo. Kada je čula vijesti o Isusu, žena je povjerovala da može biti iscjeljena samo ako dodirne Njegovu odjeću. Kada je došla iza Isusa i dodirnula mu ogrtač, žena je bila iscjeljena istog trenutka.

Kakvu vrstu vjere je posjedovao kapetan Kornelije u Djelima Apostolskim 10:1-8 i na koje načine je on, nejevrejin, služio Bogu da bi cijela njegova porodica primila spasenje? Mi nailazimo da su Kornelije i njegova porodica bili pobožni i plašili se Boga; a on je velikodušno darovao onima kojima je bilo potrebno i redovno se molio Bogu. Prema tome, Kornelijove molitve i pokloni siromašnima su postali spomen darovi pred Bogom i pošto je Petar posjetio njegovu kuću da bi služio Bogu, svako iz Kornelijove porodice je primio Svetog Duha i počeo govoriti jezicima.

U Djelima Apostolskim 9:36-42 nalazimo ženu koja se zvala Tavita (što, kada se prevede,znači srna) koja je uvijek činila dobro i pomagala sirotinji, ali se razboljela i umrla. Kada je Petar stigao zbog urgencije svog učenika, kleknuo na koljena i molio se, Tavita je oživjela.

Kada Njegova djeca iznesu svoje dužnosti i udovolje svom Ocu, živi Bog ispunjava želje njihovih srca i u svim stvarima čini za njihovo dobro. Kada bismo zaista povjerovali u ovu činjenicu, uvijek bismo primali tokom naših života Božje odgovore.

Kroz konsultacije ili dijaloge s vremena na vrijeme, ja čujem ljude koji su nekad imali ogromnu vjeru, dobro služili crkvu i bili su vjerni, ali su napustili Boga nakon perioda iskušenja i patnje. Svaki put, ja ne mogu da se ne osjećam slomljenog srca zbog ljudske nesposobnosti da naprave duhovnu razliku.

Ako ljudi imaju iskrenu vjeru, oni neće napustiti Boga kada iskušenje dođe na njihov put. Ako imaju duhovnu vjeru, oni će biti radosni, zahvalni i moliće se i u vremenima iskušenja i patnje. Oni neće izdati Boga, biti poljuljani, ili izgubiti oslonac u Njemu. Nekada ljudi mogu biti vjerni u nadi da će primiti blagoslove ili biti priznati od strane drugih. Ali molitva vjere i molitva puna nade u slučajnosti se lako može razlikovati po njihovim odgovarajućim rezultatima. Ako se neko moli duhovnom vjerom, njegova molitva će vjerovatno biti praćena djelima koja udovoljavaju Bogu i on će Njega slaviti ispunjavajući želje svoga srca jednu po jednu.

Sa Biblijom kao našim vodičem, mi smo ispitali kako su naši praoci u vjeri pokazali svoju vjeru Bogu i sa kakvom vrstom srca oni Njemu mogu udovoljiti i ispuniti želje svoga srca. Zato što Bog blagoslovi, kao što je obećano, svi oni koji Njemu udovoljavaju – način na koji je Tavita koja ja bila vraćena u život udovoljila Njemu, način na koji je žena nerotkinja iz Sunima koja je blagoslovena sinom Njemu udovoljila i način kojim je Njemu udovoljila žena koja se oslobodila od dvanaest godina krvarenja – hajde da vjerujmo i uperimo naše oči na Njega.

Bog nam govori: „"Ako možeš vjerovati?" Sve je moguće onome koji vjeruje" (Jevanđelje po Marku 9:23). Kada vjerujete da On može riješiti bilo koji vaš problem, u potpunosti predate Njemu sve probleme koji se tiču naše vjere, bolesti, djece i finansija i oslonite se na Njega, On će se sigurno pobrinuti o svemu ovome za nas (Psalmi 37:5).

Udovoljavajući Bogu koji ne laže već ispunjava ono što je On obećao, neka svako od vas ispuni žudnje vaših srca, da veliku slavu Bogu i vodi blagosloven život, u ime Isusa Hrista ja se molim!

O autoru:
Dr. Džerok Li

Dr. Džerok Li je rođen u Muanu, Džeonam provinciji, Republika Koreja, 1943. god. U svojim dvadesetim, Dr. Li je sedam godina patio od mnoštva neizlečivih bolesti i iščekivao smrt bez nade za oporavak. Jednog dana u proljeće 1974. god, njegova sestra ga je odvela u crkvu i kad je kleknuo da se pomoli, Živi Bog ga je momentalno izliječio od svih bolesti.

Od trenutka kad je Dr. Li sreo živog Boga kroz to divno iskustvo, on je zavolio Boga svim svojim srcem i iskrenošću, a u 1978. god., je pozvan da bude sluga Božji. Molio se revnosno uz nebrojene molitve u postu kako bi mogao jasno da razumije volju Božju, u potpunosti je ispuni i posluša Riječ Božju. Godine1982. je osnovao Manmin centralnu crkvu u Seulu, Koreja i bezbrojna djela Božja uključujući čudesna iscijeljenja, znaci i čuda se dešavaju u njegovoj crkvi.

U 1986. god. Dr. Li je zaređen za pastora na godišnjem Zasjedanju Isusove Sungkjul crkve Koreje, i četiri godine kasnije u 1990.god. njegove propovijedi su počele da se emituju u Australiji, Rusiji, na Filipinima. U kratkom vremenskom periodu i mnogim drugim zemljama je bio dostupan preko Radio difuzne kompanije Daleki Istok, Azija radio difuzne kompanije i Vašingtonskog hrišćanskog radio sistema.

Tri godine kasnije, 1993.god., Manmin centralna crkva je izabrana za jednu od "Svjetskih top 50 crkava" od strane magazina Hrišćanski svijet (Christian World) (SAD), a on je primio počasni doktorat bogoslovlja od Koledža hrišćanske vjere, Florida, SAD i 1996.god. iz Službe od Kingsvej teološke bogoslovije, Ajova, SAD.

Od 1993.god., dr. Li prednjači u svjetskoj evangelizaciji kroz mnogo inostranih pohoda u Tanzaniji, Argentini, Los Anđelesu, Baltimoru, Havajima i Nju Jorku u Sjedinjenim Američkim Državama, Ugandi, Japanu, Pakistanu, Keniji, Filipinima, Hondurasu, Indiji, Rusiji, Njemačkoj, Peruu, Demokratskoj Republici Kongo, Izraelu i Estoniji.

U 2002-oj godini bio je priznat od strane glavnih hrišćanskih novina kao „svijetski obnovitelj" zbog svojih moćnih službovanja u mnogim prekomorskim pohodima. Naročito njegov „Pohod u Njujork 2006. god." održan u Medison skver gardenu (Madison Square Garden), najpoznatijoj areni na svijetu. Događaj je emitovan za 220 nacije a na njegovom „Ujedinjenom pohodu u Izrael 2009. god." održanom i Međunarodnom konvencionalnom centru (International Convention Center (ICC)) u Jerusalimu on je hrabro izjavio da je Isus Mesija i Spasitelj.

Njegove propovijedi emitovane su za 176 nacija putem satelita uključujući GCN TV i bio je svrstan kao jedan od „Top 10 najuticajnijih hrišćanskih vođa" 2009-e i 2010-e godine od strane popularnog Ruskog hrišćanskog časopisa U pobjedu (In Victory) i novinske agencije Hrišćanski telegraf (Christian Telegraph) za njegovu moćnu svješteničku službu TV emitovanja i njegove inostrane crkveno pastorske službe.

Od Septembra 2013.god., Manmin Centralna Crkva ima zajednicu od preko 120.000 članova. Postoji 10 000 ogranaka crkve širom planete uključujući 56 domaćih ogranaka crkve i do sad više od 129 misionara su opunomoćena u 23 zemlje, uključujući Sjedinjene Države, Rusiju, Njemačku, Kanadu, Japan, Kinu, Francusku, Indiju, Keniju i mnoge druge.

Do datuma ovog izdanja Dr. Li je napisao 85 knjige, uključujući bestselere: Probanje vječnog života prije smrti, Moj život, moja vjera I i II, Poruka sa krsta, Mjera vjere, Raj I& II, Pakao, i Moć Božja. Njegove knjige su prevedene na više od 75 jezika.

Njegove Hrišćanski rubrike se pojavljuju u Hankok Ilbo, JongAng dnevniku, Dong-A Ilbo, Munhva Ilbo, Seul Šinmunu, Kjunghjang Šinmun, Korejski ekonomski dnevnik, Koreja glasnik, Šisa vijesti, i Hrišćanskoj štampi.

Dr. Li je trenutno na čelu mnogih misionarskih organizacija i udruženja U tu poziciju spadaju: Predsjedavajući, Ujedinjene svete crkve Isusa Hrista; predsjednik, Manmin svjetska misija; stalni predsjednik, Udruženje svijetske hrišćanske preporodne službe; osnivač i predsjednik odbora, Globalna hrišćanska mreža (GCN); osnivač i član odbora, Mreža svjetskih hrišćanskih lekara (WCDN); i osnivač i član odbora, Manmin internacionalna bogoslovija (MIS).

Druge značajne knjige istog autora

Raj I & II

Detaljna skica predivne životne okoline u kojoj rajski stanovnici uživaju i preljepi opisi različitih nivoa nebeskih kraljevstva.

Moj Život Moja Vjera I & II

Najmirisnija duhovna aroma izvučena iz života koji je cvjetao sa neuporedivom ljubavlju za Boga, u sred crnih talasa, hladnih okova i najdubljeg očaj.

Probanje Vječnog Života Prije Smrti

Zavjetni memoari Dr. Džeroka Lija, koji je rođen ponovo i spašen iz doline senke smrti, i koji vodi primjeren Hrišćanski život.

Mera Vjere

Kakvo mjesto stanovanja, kruna i nagrade su spremne za vas u raju? Ova knjiga obezbjeđuje mudrost i smjernice za vas da izmjerite vašu vjeru i gajite najbolju i najzreliju vjeru.

Pakao

Iskrena poruka cijelom čovječanstvu od Boga, koji ne želi da ijedna duša padne u dubine Pakla! Otkrićete nikad do sad otkriveni iskaz o okrutnoj stvarnosti Nižeg Hada i Pakla.

www.urimbooks.com

www.ingramcontent.com/pod-product-compliance
Lightning Source LLC
LaVergne TN
LVHW051956060526
838201LV00059B/3685